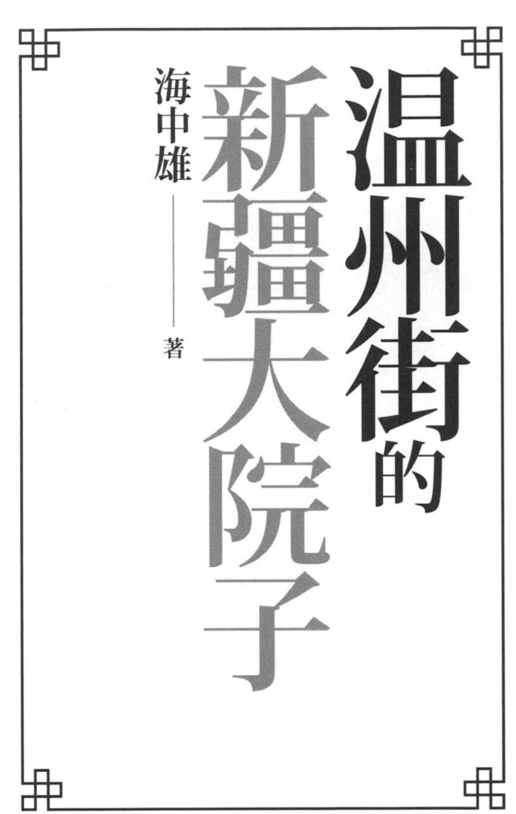

温州街的新疆大院子

海中雄——著

〔推薦序〕

滿滿的敬意

席慕蓉

我是在一九五四年的夏天跟着家人從香港來到台北的，住在廈門街底。考插班生考試被分發到北二女初中二年級。上學就走到堤岸上等公車，淡水河近在眼前，川端橋就在斜前方。

幾個月過去，稍微熟悉了一點環境之後，愛動的我在沒課的日子，有時候會一個人在附近的巷道中閒逛。反正出門時認好了回家的方向，我沒有迷路的恐懼。

有一次走過一條安靜的巷道，在一個大門上，忽然看見上面掛着一塊比門牌稍大一些的木質牌子，上面寫着「帕米爾齧雪同志會」。

當時只知道「帕米爾」是那個有名的高原，而「齧」這個字還不認得，不知道如何發音。但是既然有那麼多牙齒，又是和「雪」字連在一起，必定是「吃雪」或者「嚼雪」的意思，應該就是拚命努力地爬過帕米爾高原了。

一定很辛苦吧？

那時候我心中不禁有了滿滿的敬意。拚死爬過帕米爾高原來到台灣，這些人真的可以稱為共患難的同志了，而經過生死關頭抵達了目的地，也值得成立一個同志會來紀念吧。

這是我在初中二年級時的一次偶遇，在心裡想過好幾天，然後就慢慢淡忘了。

六十多年就這樣過去了。

直到前幾天，打開海中雄送過來的書稿，第三篇就是「齧雪帕米爾，萬里行台灣」，我才想起來，自己始終沒去查那個有很多牙齒的字是如何發音的，原來它讀ㄋㄧㄝˋ，是「咬」的意思。

更驚喜的還在後面，原來這個同志會裡大部份的人都住在溫州街的新疆大院子裡，有很多人是蒙古人。而海玉祥叔叔，也就是海中雄的父親，是這次行動裡的主要人物。

但是，真正細讀文字的時候，沒想到是這樣的慘烈。不單是這攀越的本身，還有那當時必須要出逃的危急以致在寒冬時選擇越過帕米爾的下下策。一切似乎都是不可能的，而他們竟然做到了，其中也包括了婦女和孩童……

忽然明白，以《溫州街的新疆大院子》作為書名，是作者平實又帶有慧心的選擇。以自己，一個在台北溫州街出生長大的孩子，來慢慢講述這一切，或許可以讓這本書的節奏變得稍微溫和與緩慢一點。

可是，他也知道，其實是不可能的。

即使，即使海中雄的童年是很有些歡樂的事，就像整個新疆大院子的氣氛一直是很溫暖愉快的，卻永遠無法概括那多少個悠長年月以來，一個古老的族群所經歷的悲傷與劫難。

只為，他是一個土爾扈特蒙古的子孫在回溯自己父祖以及國族的流亡亂離史實。

土爾扈特屬於衛拉特蒙古，是衛拉特四部之一（有時又稱四衛拉特），這四部是土爾扈特、準噶爾、和碩特、杜爾伯特。他們分布在蒙古西部，也就是新疆北部，從天山山脈一直到阿爾泰山脈之間都是他們的世居之地。

我與這個族群的初識，應該是在一九九二年的夏天。到新疆去見我極為仰慕的學者巴岱先生。在天山山麓上的天鵝湖畔，他告訴我：「我們自古以來，都喜歡自稱是『天鵝的族群』，因為，土爾扈特人的性格如天鵝，不喜爭戰。如果遇到強大的壓力，就會展翅高飛而去，要到了威脅解除之後，才會再慢慢飛回來。」

不過，他也說，天上的飛鳥也許可以平安做到的事，在地上的土爾扈特子民有時候就沒有這麼幸運了。

現在，如果讀者翻開書來，第一篇〈歷史上最悲慘的遷徙〉，說的就是十六世紀晚期，當人為的或者甚至是大自然的強大壓力一次又一次反覆前來之時，土爾扈特人陷入了何等悲慘的境地之中了。

海中雄自小就在聆聽溫州街新疆大院子裡大人們在相聚時的談話。一個幼小的孩子似乎是在玩耍，總在大人們的身旁，講話的人們對他毫不在意。有時是酒酣耳熱時忍不住的慷慨陳詞，甚至哭泣悲訴，有時又是極為嚴肅的互相低聲印證，追思往昔。這種種在歡樂團聚的情緒之外的面容和言語進入他幼小的心中，成為他追索土爾扈特蒙古歷史源流和族群命運的最初也是最強烈的引導。

歷史原來就是這樣延續下來的。

在某一個角落，總有一顆敏銳又熱烈的心在凝神聆聽那幾乎已經就快要被遺忘被湮滅了的真象。

由於不捨，更由於上蒼所賜的那顆追求真象的赤誠的心。海中雄成長之後投身於蒙古史的研讀與研究，並且在相關機構任職。經過了多少年的苦苦追求，終於得以親自踏上了祖先曾經居住過的許多處美好的大地。包括祖源所在的阿爾泰山、天山北麓，以及之後的遷徙之地伏爾加河流域，還有喀爾瑪克共和國這個歷經患難至今猶在，被遺落在中亞草原上的國家，同時還有重新回到祖源所在地的土爾扈特蒙古人。

海中雄不只是親自走過，並且也和當地的土爾扈特蒙古人建立了深厚的情誼。一次又一次的拜訪，其中許多的感人情節也都已經寫在書中了。

他把書稿交給了我之後，前幾天，在電話中，他說最近他已經辦好退休了。他正在計劃一個行程，要在準備好之後出發。

他要親自去走一趟父親當年走過的路，那一條「帕米爾翻雪同志會」走過的路，如今是他渴望完成的心願。

我祝他成功，用多年之前那個女孩心中滿滿的敬意。

自序

一九九二年，席慕蓉鼓勵我參與聯合報副刊的《邊疆民族文學大展》蒙古文學專輯的撰寫計畫，當時年少輕狂還未曾好好寫過文章卻勇氣十足的我竟說：好！

當時苦思要寫什麼呢？心想就挑個最熟悉也最順手的方向著手，於是就從小時候在溫州街老家大院子裡聽故事的記憶中去翻找吧。

我的祖先是蒙古土爾扈特部，世代遊牧於天山、阿爾泰山。十六世紀末，土爾扈特人由新疆移居至蒙古欽察汗國所屬、裏海北岸的伏爾加河大草原；直到十八世紀，一方面迫於俄國凱薩琳女皇的欺壓，一方面清廷剛平定「準噶爾之亂」，強人已除，族人也不禁興起「逐鹿」故土的雄心。一七七一年一月五日，由喇嘛占卜選定的東歸「吉時」已到。無奈上蒼作弄，那年冬天伏爾加河竟沒有凍結，西岸族人無法渡河相會，東岸的族人卻已殺官造反，不得不走。在兵源減半的情況下，這群扶老攜幼、帶著金銀細軟、趕著數十萬牲口的隊伍，哪裡躲得過沿途俄軍的追擊，以及剽悍的哥薩克等草原民族的劫掠呢？八個月後，族人終於抵達伊犁，十六萬餘人僅存六萬多人，其中就包括了我的先祖王津家族，這就是歷史所說的「最悲慘的遷徙」。原本的爭雄野心成了「歸順」，乾隆皇帝還喜孜孜立碑，題為「土爾扈特全部歸順記」。一九二〇年代，我的祖父海穆從阿爾泰山的科布多移居新疆吉木薩爾。一九四九年，我的父親海玉祥「翻雪」翻過寒冬冰封的帕米爾高原，到了巴基斯坦之後，再從印度轉來台灣，定居在溫州街的新疆大院子裡。

而我的童年就在滿是大樹、傳統的日式木造宿舍、綠蔭的瑠公圳、擁有豐富人文氣息的溫州街的巷弄中，串門子聽故事中度過。

於是新疆大院子的一系列故事，就從說我家族部落的故事與鄉親長輩的思念鄉愁而展開了。

一晃眼三十年，在此期間，因工作繁重而壓縮了我閱讀、回憶說故事的時間；之後我摯愛的父母離去了，於是我將對父母的思念與不捨化成文字留給兒女，讓他們繼續傳承家族的記憶。另外，也要感謝我的大姊海霞，她從小聰明伶俐記性好，深得父親的寵愛，所以聽的、記的故事最多，如今也就豐富了我說故事的深度。還有二姊海露，她因長居美國為解鄉愁所以翻拍了很多家族的老照片帶在身邊，家族因數度搬遷很多老照片找不到了，所以此次也就派上用場拉近了故事的鮮活影像。

我的太太李光真與新疆大院子是有因緣的。緣起於一九六二年，當時我的岳父帶著還懷有身孕的太太及大女兒，由埔里來台北就新職，經友人介紹而暫借住在新疆大院子裡，後因颱風造成大院子受損嚴重而搬走了。二十五年後，因前世今生的因緣流轉，而成為了新疆大院子的媳婦。

最近幾年，光真離開了職場，她在回家享受悠閒多采的退休生活之餘，還一直鼓勵我再拿起筆來說故事。她還透露了一個小祕密，當年就是看了我在美國所寫的論文，被我家族部落的歷史「煞」住而傾心相許。在她的催促與協助之下，我又開始提筆寫作，此時她不僅從讀者的角度提意見，還協助打字、抓錯、校稿，感謝此書幕後的大推手，愛妳！

至於這本書的內容是說什麼故事呢？不打擾了，就讓我們靜靜地品味吧！

目錄 CONTENTS

2

歸鄉——與佛同行 103

3

佛影·佛蹤

1

父親的新疆大院子
——遷徙與流轉

歷史上最悲慘的遷徙

一七七一年的夏天，大清帝國的西北邊境突然來了一批身無長物、筋疲力竭像是從地獄裡轉了一圈出來的「不速之客」，這正是被史學家們稱之為「世界上最悲慘的遷徙者」——蒙古土爾扈特人。

土爾扈特族人原來世居在新疆北部，屬於衛拉特四部之一，其餘三部分別是準噶爾、和碩特以及杜爾伯特。十六世紀末期，當時以準噶爾部最為強盛，常與其他三部衝突，因而促使其他各部向外遷徙。例如和碩特人在固顧汗領導之下大舉遷移到青海地區，成為現在「青海蒙古」的前身。土爾扈特族人在這些衝突之中雖然是採中立的態度，但也興起了「西征」的念頭。

那時候，廣袤而水草肥美的中亞草原地區，散居著突厥裔的哥薩克、吉爾吉斯等勢力

▲土爾扈特／喀爾瑪克人，四百年來遷徙、流亡的苦難路線。

不強的遊牧民族，這對於土爾扈特族人來說，實在是西進的一大誘因，於是從十六世紀末期起，他們就開始了西進的探路工作。從一五七四年開始，在「西伯利亞年誌」中就陸續提到土爾扈特族人西進的活動，直到一六三〇年代，土爾扈特族的先遣人馬已經穿越橫亙四千公里的中亞草原，抵達伏爾加河流域一帶。由於探路過程的順利和成果豐碩，於是在和・鄂爾勒克領導之下，土爾扈特族人大舉遷徙，他們陸續出發，耗時數年之久，終於定居在裏海北岸的阿斯特拉罕地區。

在這裡，雖然已經和故土相隔千萬里，但是土爾扈特族人仍然堅守著自己的語言、習俗和宗教信仰。不僅如此，他們也始終和衛拉特其餘三部維持著聯盟的兄弟情誼。例如一六四〇年，準噶爾的巴圖爾・洪・台吉，領導衛拉特各部制訂了一部「衛拉特法典」，土爾扈特部長和・鄂爾勒克以及王公貴族都遠從伏爾加河畔趕來參加盛會，同時也將這部法典帶回土爾扈特族中，奉行不渝。

同樣地，土爾扈特族人和滿清的關係，也斷斷續續地維持著。加以此時的俄國政府還積弱不振，外敵甚多，無心也無力統轄這些移居的純樸剽悍的遊牧民族，只能採懷柔與放任的政策，因此土爾扈特族人在中亞草原度過了將近百年優遊自主的好日子。

但是，十八世紀初期，俄國經過彼得大帝與凱薩琳女皇的勵精圖治，國勢轉強，「不能允許帝國的南方為擾攘的遊牧民族所擁有」，於是開始高壓的政軍統合，在宗教上的迫害也接踵而來，使得土爾扈特族人苦不堪言。

一七六八年，「俄土戰爭」爆發，當時的土爾扈特王烏巴錫汗在半強迫、半自願之下，帶領了三萬子弟兵為俄皇效力。戰勝歸來之時，俄國不但不領情，反倒提出種種箝制統合的要求，使土爾扈特族人難以忍受，終於興起了天涯倦遊、不如歸去之感。

正好這時部分原居新疆的族人傳來清廷已經平定了「準噶爾之亂」的消息，當初迫使他們西遷的「強者」已被消滅了，豐美肥沃的家鄉再也沒有強者駐牧，土爾扈特族人不禁興起「逐鹿」故土的雄心。

一七七〇年底，在烏巴錫汗召集王公貴族及喇嘛們密商之後，決定全族「東返準噶爾故土」，並且在短短的十幾天裡，做好了一切東返的準備。然而，人算不如天算，這樣一個歷史性的決定，誰知卻為土爾扈特族人帶來了前所未有的浩劫呢？

一七七一年一月五日凌晨，由喇嘛選定的「良辰吉時」，伏爾加河兩岸廿多萬土爾扈特族人都已整裝待發。然而伏爾加河卻一反常態，竟然在嚴冬中沒有結冰，令他們焦慮不已，住在河西的近七萬族人無法渡河，眼看著就將被硬生生的阻隔了。而當雞鳴聲起（一說為黑牛咳嗽之時），預定離去的時間到了，消息也已經走漏，再不出發就難逃俄軍的阻攔追殺，於是烏巴錫毅然決定即刻啟程，在百般無奈、不忍割捨的情況下，拋下了近四分之一的同胞手足，跨馬奔向迢迢萬里外的故土。

土爾扈特族人在東返之前，已經殺盡轄境內俄國的官吏與奸商共一千多人，以洩其平時受凌辱之怨。這一行扶老攜幼、帶著數十萬牲口、浩浩蕩蕩聲勢驚人的隊伍，在開始前進時行動倒是非常地迅速敏捷，等俄軍發兵阻攔時，他們已經進入廣大的哥薩克——吉爾吉斯草原，追兵根本無跡可循。

只是，雖然逃過了憤怒的俄國軍隊，土爾扈特族人卻躲不過橫阻在前途上的，如豺狼虎豹般的伏擊、偷襲、掠奪和姦殺。

春雪融化後的草原，越走越泥濘不堪，馬匹和牛羊逐漸消瘦，笨重的器物沿途丟棄，許多人還必須下馬步行，返鄉的路途竟然如此艱苦，大家開始不斷地抱怨，但是前面還有更可怕的命運在等著呢！

對於世居中亞的哥薩克、布魯特（吉爾吉斯）這些遊牧民族來說，如此一個帶著大量金銀細軟、牛羊馬匹的隊伍，真是「上大的賞賜」，怎麼能夠輕易放過呢？於是群起圍攻，將土爾扈特人從中截斷，再夜以繼日不斷地追殺掠奪，一次又一次地恣意凌虐。

烏巴錫汗在無計可施之下，倉促帶領族人逃入戈壁大漠，這時候的土爾扈特人不僅要應付中亞遊牧民族無情的伏擊和夾殺，還要承受荒漠上的嚴寒、飢渴和各種可怕的疫癘。成千上萬的老人和幼兒在行進間無聲無息的倒下，而病人和傷患，又進一步拖緩了往前進的速度，使得整個隊伍暴露在更險惡的環境裡。在戈壁大漠之中，嚴重的乾渴最後使人不得不生飲牛馬的血、尿來勉強維生，然後瘟疫來襲，牲畜死了十分之六、七，族人更是死傷無數。烏巴錫汗認為不能躲在沙漠中「坐以待斃」，終於狼狽不堪地逃出戈壁之外，敵人早已久候多時了，於是血腥的追殺與掠奪再次上演，土爾扈特族人早已潰不成軍惟有死命地奔逃。

這一趟歸鄉之旅，竟是一趟悲聲震天的死亡之旅，當土爾扈特族人在歷經八個月的奔逃後終於抵達了新疆伊犁，當初的十六萬餘精壯部族，也只剩下零零落落六萬多人，這就是歷史上所說的「最悲慘的遷徙」。

對清廷來說，這一批動機不明，而且一無所有、筋疲力竭，像是從地獄裡轉了一圈再出來的「不速之客」當然令人疑懼。因此土爾扈特王烏巴錫汗在只求有喘息之地的情況下，不得不藏起「逐鹿」故土的雄心，聲稱他們是專程回國「歸附」，願做大清臣民。然後烏巴錫汗還帶領王公貴族赴熱河覲謁乾隆皇帝。乾隆當下就給了非常豐厚的賞賜，並且在新疆北部，阿爾泰山與天山之間劃出廣大的地方，做為他們的遊牧區。最後，乾隆還得意洋洋地寫下一篇「土爾扈特全部歸順記」的碑文，為這一故事畫下了句點。

但是，故事其實還沒結束，還記得那沒有能夠渡過伏爾加河的七萬人嗎？

遺留者的流浪之歌

一七七一年之後，居住在中亞草原的各突厥裔遊牧民族，用戲謔的口氣，稱呼這一批留下來的土爾扈特族人（其中還包含有其他衛拉特部族在內）為「喀爾瑪克」，突厥語的意譯就是「遺留者」。

喀爾瑪克一詞，當土爾扈特人於十六世紀末期，逐步由新疆擴張至原屬蒙古欽察汗國的伏爾加河大草原時，從一五七四至一五九八年，在西伯利亞年誌裡，都提到了喀爾瑪克——擴張者，此詞是由蒙文動詞「擴張」（xalix—xal-mag）而來的；當一七七一年那批沒有東返而遺留下來的人，被當地的突厥人戲稱為喀爾瑪克——留下者，此詞是由突厥文動詞「gal-（mag）」（留〔在後〕）而來的。所以，從擴張到遺留、從爭雄到歸順，歷史總是充滿反諷的。

在絕大部分族人遠走之後，這一批為數七萬，勢孤力單、無法返回故土的「遺留者」，在伏爾加河西岸，用血與淚開始書寫他們近一百八十年的悲愁歷史。被報復、被箝制、被分裂、被弱肉強食，當初土爾扈特族人力圖避免、不惜舉族遷徙的疑懼與憂慮一一成為真實

▲一九四三年十二月，蘇聯秘密警察前來逮捕，最後將喀爾馬克人塞進運牛的車廂裡（類似希特勒載運猶太人去奧斯威辛集中營的車輛），送往西伯利亞勞工營。

的災難，並且都由這批「遺留者」無法抗拒地承擔了，直到今天為止，任何一個喀爾瑪克人都無法不感受這慘痛歷史的影響。

一七七二年，在一次奮不顧身起而反對俄國高壓政策的農民革命失敗後，俄皇凱薩琳二世下令中止喀爾瑪克人「汗」的稱號及地位，將他們從獨立的藩國降為帝俄子民；同時加強對他們的政治整合及「俄化運動」，把他們分別劃入三個不同的行政區域，設立一個由俄人主持的官署加以掌管。另外一些零星部落則被逼遷徙到哥薩克及吉爾吉斯人的地區，最後也被這些中亞草原的遊牧民族所同化了。

俄國革命後的流亡與整肅

一九一七年，俄國爆發「二月革命」，喀爾瑪克人被迫捲入這場內戰，在隨之而來的「十月革命」裡，絕大多數的喀爾瑪克人加入鄧尼金將軍領導的白軍，與蘇維埃共產黨紅軍展開長達兩年之久的戰事，生命財產損失慘重。當白軍潰敗之後，這批已在俄國安家三百年的喀爾瑪克人，終於又不得不開始了另一波流亡。

原先在沙皇時代，喀爾瑪克是由阿斯特拉罕、頓河、斯塔夫羅波勒三個地區組成的，受到廣大人民愛戴的丹僧王子（一八八九至一九二三年），是阿斯特拉罕地區喀爾瑪克、哥薩克的領導人，因為在內戰期間擁護沙皇支持白軍，戰敗流亡到巴黎、柏林。一九二三年蘇聯宣布大赦戰爭難民，丹僧王子自願返回喀爾瑪克，卻不幸被布爾雪維克處死。

當時，能夠幸運逃離俄境的，只有不到兩千人左右。這批人由黑海乘船逃到土耳其，再陸續逃往南斯拉夫、保加利亞，甚至遠至捷克和法國。在這些地方，他們是無國籍的難民，生活困苦，但是只要有自由，有工作，再苦也可以承受。他們努力在當地保有自己的宗教習俗、文化傳統和語言文字。「不管身在何處，都要記得我們是信奉喇嘛教的喀爾瑪克蒙古人！」這是所有喀爾瑪克長者告誡子孫的話。

▲流亡歐洲即使在惡劣的生活環境中，仍然保持傳統的宗教生活。（吉佳提供）

一九三三年九月二十日，來自新疆土爾扈特的尼爾吉德瑪公主，她的父親是清末民初蒙古三大名王之一的帕勒塔親王，親自去探訪俄國革命後流亡在巴爾幹半島貝爾格勒的喀爾瑪克人，這是天性使然，無論土爾扈特人流浪在天涯何處，永遠都能感受到鄉情的關懷。

▲一九四一年在南斯拉夫首都貝爾格勒街頭的一對喀爾瑪克父子。（吉佳提供）

至於革命亂局中留在俄境內的十多萬喀爾瑪克人，大多數都逃脫不及，有的遭到殺戮，有的被迫送往天寒地凍的西伯利亞勞工營，一波又一波整肅與迫害接踵而至。期間雖然有一九三五年十月「喀爾瑪克自治共和國」的建立，但那只是史達林的籠絡策略而已。到了一九三六和一九三七年間的「大清算」，喀爾瑪克人因為持續不斷的消極抵制，再次遭到俄國政府大規模的迫害，數以千計的喀爾瑪克人或被革職，或是入獄勞改，甚至大批集體放逐到西伯利亞。

二戰夾縫中的撕裂與流亡

而災難，對這個宿命悲慘的民族來說，彷彿真是無止無盡。

一九三九年，第二次世界大戰，德軍在一九四一年六月入侵俄國，喀爾瑪克人又再次面臨了在「兩害」之中選擇其一的困境。

儘管喀爾瑪克人對蘇聯政權不滿，但他們還是相信政府的宣傳號召，這是一場「純粹的國土保衛戰」，更不能讓「德國爭取歐洲霸權」，於是他們終於投入戰爭，勇於對抗入侵者。在蘇聯的大小聯邦中，喀爾瑪克為「祖國」所付出的傷亡比例是數一數二的。

但另一方面，卻也有為數眾多的喀爾瑪克人藉此機會投效德國，在德軍組織徵召的「新俄軍」麾下，從事「反共抗俄」的戰爭。

此外，革命後流亡歐洲的喀爾瑪克人大多居住在南斯拉夫首都貝爾格勒，因為德軍答應未來在蘇聯佔領區協助建立一個「喀爾瑪克自由國」，因而他們也參軍成為東線的德國士兵。

一九四二年，德軍在史達林格勒大潰敗後，撤離俄境。在此同時，約有五千名喀爾瑪克人，他們有的是曾經加入德軍，有的則是被德軍強拉去充當農場或工廠的奴工，現在他們都害怕會遭到俄共的報復，只好隨著德軍一起離境，展開了又一波的流亡生涯。在德國，日子也是慘澹而沒有自由的，所有的喀爾瑪克人都被遷往慕尼黑附近的勞工營裡，這時候也只剩八百多人了。他們失去自由，也享受不到婚姻和家庭生活，但幸運的是，原本那些在俄國大革命之後流亡東歐各國的喀爾瑪克人，隨著德軍的撤離也被迫遷往這些勞工營之中，使得原來散居各地的喀爾瑪克人，竟然意外地在勞工營裡團聚了。

▲一九九六年，伊律姆契諾夫總統為紀念流放西伯利亞的苦難，而請俄羅斯著名雕刻家恩斯特·涅伊茲韋斯內伊（Ernst Neizvestny）所建的流放與歸來紀念碑。

一九四五年二戰後，沒有隨德軍撤離而留在南斯拉夫的那些喀爾瑪克人，都被驅逐回蘇聯，隨後被遣送到西伯利亞與先前流放的族人會合。因此，貝爾格勒的喀爾瑪克社區，人去樓空，就連當年辛苦建立的佛廟最後也完全消失了。

俄國對喀爾瑪克的種族清洗

在兵馬倥傯的大戰期間，逆來順受、聽天由命或許是所有弱勢民族的共同命運，但是令喀爾瑪克人意想不到，至今仍恨得咬牙切齒的，卻是在俄國境內的「祖國」——喀爾瑪克自治共和國——竟然遭到史達林政權「亡國滅種」的殘忍對待。

這是又一次的浩劫，當年留下來的「遺留者」，再一次成為犧牲者。這個擁有廣大豐美草原，卻又在俄國歷史上留有許多「不良紀錄」的民族，早就是蘇聯的「眼中釘」，終於在一九四三年，喀爾瑪克共和國隨同喀拉嗤、韃靼等五個其他小國，一起遭到了「集體放逐」的悲慘「懲罰」。

史達林給他們的罪名是通敵、叛國。一九四三年十二月二十七日，蘇聯政府宣布解散喀爾瑪克自治共和國，緊接著第二天的拂曉時分，已經完成人口登記、行囊也收拾好了的喀爾瑪克人，便靜靜地等候蘇聯秘密警察前來逮捕，最後將他們塞進運牛的車廂裡（類似希特勒載運猶太人去奧斯威辛集中營的車輛）送往西伯利亞勞工營。此去十三年漫漫長夜，無人聞問，在十三年之間，世界幾乎將他們遺忘了，沒有人敢聲援他們，也沒有人敢探詢他們的近況。

直到一九五六年二月，在赫魯雪夫的著名演說〈人格崇拜〉之中，才首次提到喀爾瑪克人與其他幾個少數民族的大遷徙與流放。赫魯雪夫為了貶抑史達林，才為喀爾瑪克人翻案，准許他們回歸故土，只是能活著回來的，不過六萬多人，還不到十三年前大遷徙時的一半。今日到喀國首府埃利斯塔還可以看到一座紀念碑，記載著這一段流放與歸來的血淚史。

喀爾瑪克人的歷史新篇章

一九四五年二次大戰結束的時候，在德國慕尼黑附近勞工營裡聚合的八百五十名喀爾瑪克人，真正嘗到了沒有國籍、無家可歸的慘痛。雖然聯合國國際難民組織不斷地替他們尋找容身之處，卻是直到一九五一年，才獲得到幾個國家的接納，除了少數留在德國，有一部份轉往法國之外，五百七十一名喀爾瑪克人在一九五一年十二月到次年三月陸續前往美國定居，轉眼也已經七十年過去了。

歷史敘說至此，似乎已經停滯。蒙古土爾扈特族人經歷了世界上最悲慘的遷徙，從新疆北部來，再回到新疆北部去，卻在伏爾加河畔留下了喀爾瑪克蒙古人，讓他們獨自走過另一段悲慘的際遇。這一百八十年的驚恐與徬徨，在喀爾瑪克人的心中留下了無法抹滅的烙印，奔向自由的路竟然是如此迢遙與坎坷！

一九七九年九月，達賴喇嘛第一次訪問美國時，幾乎所有旅美的喀爾瑪克人都趕來參加祈福法會，許多人激動得伏地痛哭，多年來的苦難、挫折，彷佛在一夕間獲得了撫慰。以紐澤西州豪威爾鎮來說，總共不到一千名喀爾瑪克人，卻擁有三座喇嘛廟、十位喇嘛。當時的世界蒙古協會會長吉佳說：「想想我們的父親們，經過兩次世界大戰，什麼都丟了，卻一直把佛像帶在身邊，這種虔敬真是令人感動！」是的，也就是這份虔誠的宗教信仰力量，支撐他們浪跡天涯而未曾忘記自己是喀爾瑪克蒙古人。

▲喀爾瑪克來台留學生桑志，與土爾扈特鄉親的小朋友海辰、海揚合影。

▲伊總統的第一句話：「我們等您四百年了！」（伊總統提供）。

▲二〇一八年，在台北市舉行的成吉思汗大祭，海中雄（穿著喀國總統送的喀爾瑪克傳統大禮服）代表政府致祭成陵。

一九九一年七月，達賴喇嘛首度訪問喀爾瑪克共和國，雖然四百年來，喀爾瑪克人未曾間斷千里跋涉赴西藏禮佛，但他們更期盼的是，聖者能親臨草原為廣大牧民祈福，如今願望終於實現了。當達賴喇嘛在首都埃利斯塔主持祈福法會時，人民從各地騎馬的、開車的蜂擁而至，那種壓抑數百年的苦難，終於在激動的虔誠中，釋放了！

一九九一年十月，散居在歐美、蘇聯、新疆各地的喀爾瑪克人，在中華民國政府的促成之下，居然在台北相會了。一九九六年七月，喀國伊律姆契諾夫總統訪台，翌年三月，伊總統表弟桑志來台進修，從此雙方展開了全面的友好交流。

二〇〇六年十二月，蒙古國恩和巴亞爾總統應喀國伊律姆契諾夫總統之邀，進行了破冰的歷史性訪問。在機場舉行盛大的國賓歡迎儀式，兩位總統見面擁抱之時，喀爾瑪克總統的第一句話是：「我們等您四百年了！」

這是骨肉兄弟的團聚啊！世事多變，誰能預料，喀爾瑪克人的未來又將是何去何從？誠如一位蒙古教授的感慨：「踏碎冰雪，走過草原，兜了這麼一大圈，我們又回到了歷史中。」

翻雪帕米爾，萬里行台灣

他們，數百名誓死不降中共的愛國人士，扶老攜幼拚命突圍，攀越喀拉崑崙山五千公尺高的冰雪帕米爾，到達巴基斯坦；這條路，正是唐僧玄奘西域取經東返的歷史險道——西遊記的魔道。他們創造了一個現代奇蹟故事。

初秋的週末午後，從台北劍潭捷運站搭市民小巴一號公車，在外雙溪後山上的帕米爾公園站下車，當穿過由巨石疊成的公園大門，看到四處散落傾圮難辨的石像、石碑、石刻，以及掛著「翻雪同志會」木匾的老屋，頓時陷入時空錯置的驚奇。帕米爾不是在亞洲內陸的世界屋脊之上嗎？誰又會以「嚙雪吞氈」的蘇武自況呢？從荒漠高原到密林公園，這其間究竟有著什麼不可思議的連結？

故事要從七十年前說起。一九四九年，國共內戰已到最後關頭，當國民黨由蘭州全面撤退，企圖轉進大西北根據地新疆做困獸一搏時，突然形勢大逆轉全疆易幟。此時在疆的各路人馬，因怕被封城受俘而在倉惶之下，從不同路線衝出新疆。其中最震撼國際而受矚目的，就是闖越冰封的帕米爾高原！

由新疆直接進入巴基斯坦、印度的路有兩條。

一、由喀什車行至依克孜牙，由此騎馬山行到蒲犁，然後走明鐵蓋達坂（土語，意為峻嶺、大山），攀越標高四千五百公尺以上的帕米爾高原，進入巴基斯坦的吉爾吉特。此路較為險峻但較短，雖然沿途水草不缺，但人煙稀少需自備糧糈果腹。另因巴國較友善，故一般內地來此的漢人，東返時常會選擇這條路。

二、由喀什到葉城經莎車，攀登標高五千五百四十公尺的喀喇崑崙山隘口，然後進入印度的拉達克。此路較長較平但水草缺乏，故多為當地維吾爾、哈薩克族人欲經阿富汗前往土耳其時所走的路線。

故事就由新疆大撤退開始說起吧！

一九四九年八月二十五日，國民黨在蘭州的西北保衛戰潰敗後，各路人馬轉進新疆。

當時的甘肅省保安司令王孔安表示：去新疆旨在謀取合作圖存。九月二十六日當他們抵達哈密時，才愕然發現新疆省政府已經改掛五星旗，只好轉赴南疆，企圖越過帕米爾經巴基斯坦後再返重慶，做繼續奮鬥的打算。當然，也有部分的人東轉回蘭州，想以「移交」方式換取新政權的「諒解」；還有人就原車載著大量的財寶及煙土東返內地，做亂世發財夢去了。

易幟前夕，仍效忠蔣介石的國民黨軍政大員，看到情勢不可為，立即決定離開迪化西行至焉耆，再結合在哈密的國府大員堯樂博士與烏斯滿的部隊抵抗共軍入疆，但因內部意見分歧而作罷。接著轉進到軍事重鎮阿克蘇，此時葉成師長也在受盡屈辱的情況下從迪化突圍趕來阿克蘇，和將領們召開了軍事會議，計畫先派人潛入老滿城，刺殺投共的陶峙岳總司令等，再聯合各地反共軍重舉義旗。此計畫又因當地軍中的共黨人員從中作梗破壞，混亂中葉成將軍還被槍擊受傷，一場赴南疆集結再戰的計畫頓失，眾人無不頹喪無奈，終於決定赴喀什，越帕米爾經巴基斯坦東還重慶，再圖發展。

逃亡前發生了一段悲哀淒情的小插曲

從迪化撤出的隊伍中，一群精壯年輕人特別引人注目，他們有著特殊背景，都是國府情報頭子戴笠的子弟兵。一九四六年，當蘭州特警班的副主任胡國振擔任新疆警務處長時，號召了一百二十位同學前往新疆效勞，分派到各重要城鎮擔任第一線工作。

一九四七年，在中蒙邊境的北塔山事件中，當時柏大光與先父海玉祥奉命潛入蒙古國科布多地區偵查俄軍的情況，不料剛跨過邊界不久即被蒙軍發現開始機槍掃射，就在槍聲間歇中，蒙族的海玉祥用當地蒙古部落的土話喊叫，蒙古軍士過來將他們帶回問話，當先父表明是海穆之子欲返鄉探親，蒙古軍士立即表態歡迎，無奈俄國軍官堅持扣留再查。當晚有人來打開牢門，讓他倆翻牆出去，那兒有兩匹馬，他們騎上馬就逃回新疆了。

一九四九年九月二十六日，當新疆通電改制易幟後，迪化頓時陷入慌亂，各地槍聲起落，這些戴笠子弟兵若不逃離，下場必定是受盡共黨折磨而死。當時有三位同學開車衝到醫院要帶走正在療病的海玉祥，他的女友陪伴在旁，也就一起上了車。她是當地王爺的孤女，由老王妃一手帶大，她堅持回家向母親道別，因路窄車子就停在路口等候，忽然槍聲大作，封城的緊張壓力籠罩在同學臉上。海玉祥心想，同學這麼講義氣，他總不能害了人家！強忍心中無奈說：走吧！此一別留下終生的愴然。

騎馬山行帕米爾的準備工作

當時，不論是從蘭州、酒泉撤到哈密的國民黨軍政人員，或原本就在新疆各地的人員，大多決定取道南疆，攀越帕米爾高原，經巴、印東返重慶。所以各路人馬全都奔往南疆第一大城喀什，在此整裝採購冬季攀越帕米爾高原的必要物資。

當時由騎五軍馬呈祥軍長的衛隊一路護送的軍政大員，其中有周崑田、葉成、羅恕人等，從迪化奔赴喀什的沿途上，雖然新政權通令各地軍警：「將蘭、新兩地逃離人員，一律予以扣押，聽候處理。」但因此時共軍尚未入疆，各地都兵荒馬亂，基於窮寇莫追，也為了避免節外生枝，新的領導班子對於迪化撤離人員，也就手下留情、虛應故事一番了。例如：新疆警備總司令陶峙岳致電南疆警備司令趙錫光，催促「共軍已西進，返國人員從速離境，萬勿在喀什逗留」，所以各城鎮的軍警也多未阻攔，甚至很多地區軍隊不願投共而上山打游擊去了。但是由蘭州撤到新疆去喀什的人員，卻因人數較少遭遇各種阻攔吃盡苦難。

當時陸續到達喀什的，除了國府軍政人員外，還有各界人士。冬季的帕米爾高原天氣寒凍，氣溫達零下三十度，沿途居民很少，故所有吃的用的，都必須事前備妥。每個人都必須置辦從頭到腳的皮毛裝備以抗酷寒，還有至少足夠吃一個月的乾糧、醃菜、罐頭等食物，另外還需帳篷及馬料。此外，一個人約需三匹馬，一匹騎人、二匹馱物，駱駝一峰可抵馬一匹半。採購物資備妥後，大隊人員乘車離開喀什經英吉沙到車路的終點，依格孜牙村。由迪化至此村已車行十一天，兩千四百公里。

由依村山行至國境之西的蒲犁邊卡需翻過三個達坂，其中一座稱為「雪山之祖」，極峰高有七千四百三十三公尺。帕米爾高原的春夏季，因河水暴漲，峽谷中亂石嶙峋水流湍激，駝馬無法通行，冬季氣溫零下三十度，冰雪封山濕滑難行，即使當地馬伕都聞之色畏啊！

從蘭州撤出來的王孔安一行十八人，因人少行動方便，在採購物資備妥後，就搶在各路人馬之前山行了。他們出了村子後，就開始緩坡走向大山，這些內地漢人大多是第一次騎馬，狀況百出令人糾纏不清。除了上下馬要人幫忙外，有馬韁不夠長的、有馬鐙不合腳的、有行進中馬鞍突然斜墜了，還有暫停之時馬忽然臥躺下來……。在一整天驚聲尖叫中，一路顛簸後也漸漸有個樣子了。

至於從迪化來的大隊人馬，在此村停留一週後，駝馬終於都集齊了。出發時同行人員共計有一百四十七人（含婦女及小孩三十餘人），馬兩百五十匹，駱駝七十峯，人馬先行，隨後馬隊、駝隊絡繹跟進，頗為壯觀啊！

踏在世界屋脊的冰雪上

出村後不久即進入山區，乘馬沿著河床向山上前進，因時序已入殘秋，山水枯落，雖然有些灣道水深及馬腹流勢湍急，但人馬尚可通行，即使落馬入水，但總有援手也就有驚無險了。連續三天沿河前進，坡度越來越陡，雪線愈行愈低，氣溫也更寒冷了。據一些回憶錄描寫，為了怕摔落受傷，同行的婦孺們都坐在特製的木籠裡，馱在高聳的駱駝背上，「望似一群囚徒」。夜宿在兩千五百公尺的卡什卡蘇山麓的宿站。

清晨，將要攀過四千公尺的達坂，入山越高氣候變化越大，夜裡常大雪紛飛不停，高山上已是銀色世界了，酷寒啊！讓人感受到嚴重的威脅。

在盈尺的雪巔上，坡道陡而峻，迪化的大隊人馬有同行衛士在前，用鐵鍬鑿冰開路，當行走到陡峭高坡時，就連衛士們也下馬了，讓馬在前踏出一條小徑，大家都是跟在馬屁股後面，緊緊地抓住馬尾，一步挨一步地半走半爬。手臂無力的婦孺，則大多用馬尾纏綁住一路拖行，碎石殘冰不斷撞擊下，她們面露驚恐，鼻中血流不止，身體已無法負荷這極地環境的摧殘。還有幼童被綑綁在馬背上，凍得眼神呆滯昏迷不醒地，經過四、五個鐘頭的險苦終於抵達山巔的小坪頂，片刻休息時，一手拿著饢餅，一手捧著晶瑩白雪，嚙雪吞饢當午餐。此時回首望著山稜線上，沿途散成一撮一群的人馬和駝隊，也深深地為難友們擔憂祈福啊！

上山艱苦、下山危險，當由山巔下行時，因坡陡路窄滑溜危險，眾人皆下馬且滑且走，但人馬常會跌作一團。午後下雪了，瘴氣、雲霧逐漸漫淹山谷，在那陡峻的斜坡上，眾人驚呼聲中，突見一匹馬滑墜深谷，尖刃的岩石劃破馬身，鮮血噴灑雪地格外讓人心驚；又有些時候，看到駱駝躺在斜坡上哀鳴的哭著，腳伕用皮鞭猛抽，駱駝突地起身腿腳一軟，隨即像殞石般滾落山谷。當駝馬轟然摔落時，旅人的行李衣物也飄散在山谷裡。許多人因驚嚇而裹足不前，人畜擠成一團，在風雪中抖瑟失措。最終人與馬皆爬行，利用兩肘貼地，仰面蠕蠕下滑，一路溜到山麓，接著走出險峻山口到達宿站，後面的人馬陸續到達，但直至午夜還未到齊，另有一隊駱駝因夜黑而困在山頂，待明晨再下山。宿站裡的小孩們，因飽受痛苦與驚嚇，徹夜哭啼令人心酸。

這是由依村到蒲犁的第一道險關，往後翻越達坂的陡坡時，都將面臨相同的艱險苦難，通過今天的磨練，學會了當地人攀爬陡坡的技巧，往後就如法炮製，也就逐漸減緩了心中的恐懼。

第二道險關是鐵列阿緹達坂，標高四千一百公尺，山勢依然陡峻，行進依舊艱險，但更為驚險的是十餘里長的水峽。路窄窄地在峽的兩側山壁上，忽高忽低、忽左忽右，駝馬必須時常穿過湍急水峽，駝馬涉水時常被亂石絆倒，人當然也就在冰冷的水中抖顫著爬起再走，溼透的皮衣不僅奇寒徹骨，還幾乎把人壓垮。

接下來的險關是被稱為「雪山之祖」的奇奇里克達坂，當地的柯爾克孜人有個傳說：山頂上有一個名城，城中的人民過著非常快樂的生活，不知道死亡和飢餓。那是真主的天堂，上面生著許多果樹，共有八個白衣老人，都是過去的阿訇（伊斯蘭教長老）。有罪的人到達那裡，只要吃了神菓，所有的罪便被赦免了！

從山麓下抬頭望去，高低山巒白雪皚皚，此山以氣候酷寒及坡陡路長而著名。迪化這個大隊伍，在喀什出發時便分成幾個小隊，方便互相照顧同行。先行的小隊在前開路，沿峽谷山坡步步上行，不久就已雪深沒脛，在零下三十度的冰風中前進，強風夾著雪粒冰屑，待到達四千公尺的達坂時，大家都下馬來，嚼食麻菸以緩解高山壓力，也分給馬吃了一些，接著又抓緊時間牽馬趕路。此時身上穿的皮衣皮褲完全失去了抗寒作用，感覺衣薄如紙，圍巾裹住口臉不久也結成冰凍更加難受，無法忍受那刺骨寒風啊！

繼續往上攀爬，但雪更深了，時有人馬陷入雪窟裡，深及腰腹而費盡力氣掙扎地爬出來，以致筋疲力竭不能前行。然而此時，狼群突然奔出來了，圍繞在四周，雖然大家立即開槍射擊，但狼群不肯遠離，此時，隨馬伕來的一隻狗衝向前狂吠，但就在剎那間看著牠被狼群啃噬了，馬兒也驚慌躁動不安，更多的狼群聚過來開始攻擊，大家開槍抵禦，幸好衛士們聽到前面的槍聲而及時趕到，在火力的支援下，狼群死傷累累而終於驅散了，也為後到的隊伍清除了路上的潛在危險。大夥終於可以平安地攀過四千六百公尺的達坂頂，緩緩地走向國境之西——蒲犁。

當在達坂頂上回望，因路遠行艱，後面的人馬和駝隊，還在四千公尺的高峰，七十度坡道上緩慢蠕動。馬走在前面踏碎冰雪開路，小孩綑在健壯的氂牛身上，婦女綁在馬背上，男人跟在馬的屁股後面緊緊抓住馬尾，就著馬的力量一步一步地爬，年長者則伏在馬背上，雙手緊抓馬鬃讓馬隨意擺布的馱行。遠望一座山峰高過一座山峰，像是無止盡的苦難啊！婦人的哀號聲，在疾風刺骨的冰雪中更顯淒涼，小孩凍得舌頭僵硬了，只能淚流滿面想哭卻沒有聲音，當抵達山頂時，更悲慘的事發生了，一個小孩凍死了，在哭不出聲音的冰風裡，父母的心碎了啊！

國境之西——蒲犁

漢代西域三十六國之一的蒲犁國，唐代在此設蔥嶺守捉（駐軍機構），佛教大師唐僧玄奘（西遊記的唐三藏）及元朝時的馬可波羅都曾經過此地，也都敘述過蒲犁石頭城（中國三大石頭城之首）。近代因為形容此地可以「雞鳴三國」——巴基斯坦、阿富汗、塔吉克，故也稱為亞洲腹地的十字路口。

從新疆來的逃亡隊伍，一路上不論遭遇多少艱險阻擾，他們最怕面對的就是國境之西的蒲犁邊卡，因為逃亡最後的成敗皆在此了。

鎮守蒲犁的關鍵人物是邊卡隊長張軫中校，他所帶領的是新疆警備司令部、邊卡大隊、獨立二中隊駐蒲犁，總計四個分隊，官佐三十三人，士兵一百八十一人，馬匹一百五十匹。

當新疆易幟後，迪化有電令：將各山口封鎖，任何人不得出境。甚至還有從喀什警備司令部針對個人而發出電報，下令蒲犁邊卡立即將馬樂山、李樹芬二人扣解來喀不得有誤。後來馬、李與張軫結伴赴台灣了，這是有趣又悲傷的一段故事。

當時有很多新疆本地人結伴而行奔向蒲犁，他們時而加入時而先行，一路互通信息相互照顧，同為天邊上的逃命人啊！

▲邊卡英雄張軫與李毓英在迪化的新婚照片。

在易幟不久後，喀什騎兵第九旅的參謀軍官金師圃和陳霖（蘭州特警班同學）等人已先趕到蒲犁找老友張軫。

張軫因是反蘇維埃人物而曾被「新疆王」盛世才囚禁過，是國民黨忠貞軍官，所以當時在蒲犁，以他為首的軍政警首長（楊樹英副縣長、李仲凱警察局長）共同商議抗命。他曾向金師圃表明心志：待掩護保障忠貞人士安全離境後，再跨境追隨大家吧！金師圃在蒲犁待了二週，等到由迪化撤過來的隊伍到達後，他們也就一起同行走了。

躍馬上崑崙，勇闖帕米爾

離開蒲犁將連續四天攀爬在三千五百至四千公尺的稜線陡坡上，冰雪險路依舊，創傷痛苦如常。在準備闖越國之西境最高峰的明鐵蓋山隘（四千七百零三公尺）之前，搭帳宿營山下，山地冰冷氣寒又缺燃料，晚間又是大風大雪，痛苦異常，女眷小孩的啼哭之聲徹夜不絕，加之駝馬沒有草料而哀鳴，一夜的淒涼無法入眠。至此，連日急於趕路，大隊馬匹已死二十一匹，還有凍死一位小孩，全隊傷病逾三分之二人，這個逃亡隊伍已是疲憊不堪了。

位在帕米爾高原的明鐵蓋隘口，柯爾克孜語意為：千隻公羊的山口。另外塔吉克的諺語是如此的形容：「人的肚臍在肚皮上，世界的肚臍在帕米爾」。

明鐵克山隘下，是國境最後的一個卡子，羅布蓋子（三千九百五十公尺）。今天將離開祖國土地，心情忐忑複雜，在夜色還朦朧的清晨，仰望四千七百公尺的達坂，心中泛起了「敢問路在何方」而又「誰是行路人」的愁傷啊！

在巔頂要跨越稜線國境時，心情感傷地回頭眺望，祖國最後一抹夕陽落在蒲犁的石頭城下了。山頂冰風刺骨不宜久留，跨過中巴邊界線，有一個石室，雖然周圍僵死的馬駝遍地，但依然被旅人視為天堂般的湧入避寒。過了此地的下坡路居然更陡，有人與馬溜滑而下，有人扶崖沿壁而下，還有媽媽用馬鞭趕著小孩非走不可。但卻還是發生了幾匹馬駝滑落山谷的憾事，雖有人跌落但還好救回，且因厚重的皮衣褲保護，所以傷勢不重尚可行。不久之後路坡轉緩，到達巴國境內坎巨提王國的第一站木耳可施夜宿，次日護送馬呈祥軍長的衛隊返回新疆，大隊人馬繼續前行至巴國北境的軍事重鎮米什喀爾（Misgar）。

在米什喀爾發生了一件令人心酸的不幸。事情是這樣的：

蒲犁邊卡隊無線電排長賀子戈與劉俊榮，十一月二十一日決定不受共軍役使而出走，次日黃昏，當賀子戈到達邊界石屋時，屋內早已聚集由張立齋帶領的男女老幼十幾人，他們因飢寒煎熬、精神疲憊而愁眉苦臉。賀某心想同是天涯逃亡人，於是卸下馬背上的乾糧及羊肉，剎那間，一條羊被吃得精光，這是大家十餘天來第一次嘗到肉味啊！

隔天大家繼續前進米什喀爾，在到達的當夜，張立齋的母親因年歲已高又受飢寒之累，突然發病過世。在異國遽遭變故，張家悲痛而決定連夜火化，大家摸黑收集乾柴，此時賀子戈去當地隊部請求協助，幸好隊長很快派人送足夠的柴火，張家人將母親抬上山頭火化，熊熊烈火至午夜。次晨，張率家人撿拾骨骸，以衣服包裹下山，不久，好心的隊長派人送來新鋸的薄板和白布，釘成背包式木匣，將骨灰放進，外用白布縫合，安好揹帶，再由隊長親筆用維吾爾文書明、簽字，避免沿途巴國關卡檢查引起傷感。天地悠悠、親情無限，張母歷經艱辛避難出走，不幸病逝帕米爾高原，化為一罈骨灰，再經巴基斯坦、印度，最後安息於台灣。

進入巴國之後，路途的艱困險惡依然

離開米什喀爾時，大家以為路應該逐漸平坦，豈知是高興的太早了。當進入山區沿河依著山壁僅容馬行的窄徑而走，因小徑多懸在右靠絕壁、左臨深淵的半山腰上，若騎在馬上，會令人目眩心驚搖搖欲墜，故眾人皆下馬步行。小徑因駱駝體大無法行走，但卻因腿長而可以在峽中涉水穿過。當日之驚險讓人直呼過去的險峻山頭似如小巫也。

另在途中又遇險路進入冰山地區，山的內部全為堅冰，外則大小冰峯直立，人馬只能在冰峯之間穿梭，馬兒不時被短小冰峯劃傷腹部，因此哀鳴躁動而險狀百出，經過二個小時才驚險地通過。

當隊伍到達吉里米提時，剛巧坎巨提國王穆罕默德．賈馬爾汗（Mir Muhammad Jamal Khan）因冬狩而留駐此地行宮，因中華民國與巴國尚有邦交，賈馬爾汗國王在行宮中熱情的接待這些來自新疆的訪客。與國王道別後，眾人又繼續前往首都巴勒提特（Baltit），因國王的安排夜宿其招待所。隨後即奔往巴國北部的山城吉爾吉特（Gilgit）。

當第一批新疆逃亡隊伍到達吉爾吉特時，因為事前很多媒體報導了，新疆軍民因反共而在冬季闖越冰封帕米爾的壯舉。後來報社記者陸續採訪，他們的興趣都集中在沿途達坂、峻嶺、冰山、雪谷的驚險情形，對每一段懸岩、每一個水峽都感新奇，也都問了一個大家都不知如何回答的問題：「究竟大隊人馬是怎樣過來的？」因為新聞大量報導，當地行政長官在歡迎之時，也表示該國政府的關心。

當新疆來的隊伍陸續湧到吉爾吉特時，大部分的人住進了政府招待所，但因房間不夠用，就在院中草坪搭起帳篷，一座小小的山城，突然湧入數百人馬，也跟著熱鬧起來了。各路人馬陸續地來，也陸續離開，大家各道珍重相約再聚台灣。

此城是騎馬步行的終點，氣溫暖和宜人，大家為了籌措路費，因為當地物資缺乏，任何物品都不乏買主，即使舊衣都能換到錢，所以大家都只留身上一套衣服及簡單的行囊，最重要的是馬能賣到好價錢，每匹馬均可賣得一百盧布以上（四盧布等於一銀元）超過了原價，更解決了日後飛機票及生活問題，例如吉爾吉特到白沙瓦的機票只要十五盧布。

所有的人都是搭飛機離開吉爾吉特到白沙瓦，省下了兩地山行所需的二十五天跋涉。到了白沙瓦後，手頭寬裕的就搭飛機或火車去首都喀拉蚩，再轉飛香港或馬尼拉到台北。大部分人是由白沙瓦搭火車到拉合爾，由此離開巴基斯坦轉入印度，再到加爾各答搭船或飛機到台灣。

當大家都直奔台灣時，發生了一件令人感佩的插曲：原任甘肅省保安司令的王孔安，雖和難友一起搭機到香港，但卻心繫政局，決意返回重慶謁見蔣介石，再圖反攻大業。當時正式航班已停飛，他竟獨自一人搭上一架走私飛機，去到了重慶的白市驛機場。他向友人借了車直奔重慶市內尋訪故舊，卻發現多已人去樓空，遇到幾位朋友也在慌亂地準備他遷。朋友還驚訝的說：「你為何此時還來，你不知道蔣先生已經走了嗎？這裡三五日內也要放棄了。」此時王孔安茫然了，無奈地當夜返回機場，次日搭上最後一班飛機抵達台灣。

新疆的逃亡隊伍一批又一批地到達巴、

▲一九五〇年四月十六日于右任與帕米爾蔥雪同志會成立合影。

印，尋求政府的協助，其中有兩個最重要的關鍵人物，是當時駐印度大使羅家倫以及查良釗先生（德里大學客座教授、紅十字會顧問，亦為小說家金庸的兄長）。他兩人在中華民國與巴、印斷交的前後時期，發揮了巨大能量，幫助逃難者順利返抵台灣。

故事到此好像已圓滿順利，但在那冰天雪地中，仗義放行逃難隊伍逃離困境的蒲犁邊卡英雄，他們的際遇又是如何呢？就讓我再繼續說下去吧！

蒲犁英雄困居異國五百六十天

當共軍進駐喀什後，截斷了奔向自由的路，就在共軍準備接管蒲犁邊卡之前，十二月十日，張軫與楊樹英躍馬出發，隆冬之際勇闖冰封的明鐵蓋達坂，跨過帕米爾雪峰，到巴境與先前安置在米什喀爾的眷屬會合。接著就是驚險的跋涉，到達坎巨提後，依慣例拜會國王並接受咖啡點心招待。沒想到辭行時，國王說：「你們所趕羊隻，沿途道路崎嶇險峻不便，傷失必多，成為你們的累贅，不必再繼續趕了，由我開收據暫時代你們收養吧！」如此，這些由蒲犁民眾贈送作為盤纏及口糧的兩百多隻羊，就這樣被國王搶走了，經濟頓陷窘境。因為此時中華民國與巴國外交已決裂，所以甫離國門即被異邦欺凌，無奈啊！

抵達吉爾吉特後，因為新疆方面有動作，「新疆副總司令趙錫光已照會巴國駐新領館，請其扣留蒲犁邊卡隊長張軫及副縣長楊樹英……」，引起了巴國單位的關注，另因巴國已承認中共政權，邊防奉命停簽國民黨官員過境證件，他們也就愁然苦悶地在此被阻留了四個月之久。在高原流轉的無情寒風下，大國角力的夾縫中，悲歌也不見得能被世人聆聽。最後經中華民國政府委請查良釗先生協助，方得脫身轉赴拉合爾，但苦難繼續纏繞著流亡的生活。

在拉合爾等待辦理護照、入台證、過境簽證等時，張軫等人嚐盡了世間冷暖，在漫長的等待期間，因生活艱難，大家開始學做皮帽子、皮鞋、刺繡、紙燈罩等，並用竹竿挑著成品沿街叫賣。貧困拮据還可忍，心中苦悶卻難挨。滯留拉合爾十四個月後，經政府多方營救，最終以國際紅十字會難民身分，離開巴國到印度加爾各答搭船，於一九五一年七月十四日到達基隆。

溫州街新疆大院子，外雙溪帕米爾公園

攀過帕米爾來到台灣，大家各自歸隊報到或自謀生路。新疆人都先暫居溫州街的新疆

大院子，先來的有阿布都拉、沙意提、海玉祥、焦日拜……等各族人士，接著同鄉來的越來越多，房舍變得非常擁擠，所以維吾爾、哈薩克兩族的同鄉，就到新疆省政府辦事處位於安東街的宿舍旁，另行購屋聚居一起。另有人開玩笑的說，他們遷移的原因是受不了「異教徒」的豬肉味道。

溫州街的大院子哩，裝滿了從新疆帶來的鄉愁。從迪化撤出的隊伍裡，有很多蘭州特警班的同學，他們大多是單身漢，時常到大院子裡找同學、即我的父親海玉祥，就在院子中間擺大桌子，大吃大喝聊的都是英雄糗事，因為都從帕米爾來，所以這些漢族人也自稱為新疆幫了。每次必定要我娘做一大鍋手抓飯以解鄉愁。看他們洗手之後，將右手五指併攏作湯匙狀，再沿盛飯的大盆內側插

▲攀越帕米爾來的新疆人，一九五二年在大院子合影。我的父親海玉祥（後排左四），母親陳月紅（前排右二，抱著大哥海中天）。

入飯裡，將一口吃的量掐入掌心，再將手掌下端放近下唇，然後手掌慢慢向右下方移動，順勢連吃帶舔，吞下了滿滿一口抓飯，雖然弄得滿手油膩膩，但心頭卻是暖暖的。

張軫到了台北後，也住進新疆大院子，當時大院子裡人滿為患，他們一家人就在走廊圍起來打地鋪暫居了，後來新疆省主席堯樂博士趕緊協助另外隔了一間房才定居下來。他後來復任軍職，工作勤奮直至限齡退役。據他的女兒達莉回憶：「我母親最氣父親的一件事，當他領到退役金時，還沒拿錢回家就跑到外雙溪去搞了一大塊地，開荒墾地一圓故鄉夢。」這也就是台北外雙溪出現帕米爾公園的由來。他還曾提到永遠記得堯樂博士在彌留之時對他說的話：「你是新疆人，新疆是你的。你不要忘了回新疆，新疆才是你的家！」

人生總是有弔詭之事發生，當張軫在壯年之時英逝，帕米爾翻雪同志會的難友們，為了感念當年因他的掩護而化險為夷、轉危為安，大家方能安全離境奔向台灣，特地在帕米爾公園內的文物館前，為他立銅像以茲紀念。多年之後，老人凋零、公園荒蕪，張軫的銅像居然不見了，徒留基座，讀其碑文，竟也讓台北人，遙想起一群人勇闖冰雪帕米爾的故事。

翻越喜馬拉雅的人生

一九五〇年，西藏拉薩布達拉宮前，突然陸續湧現了很多外地人，其中有很多蒙族人士虔誠禮佛，也有一些異教人徬徨於此，拉薩人於是知道，山下發生大變化出了大事了。

一九四九年秋天，當國府新疆省主席包爾漢九月宣布支持共產黨後，新疆展開了國共內戰後的大逃亡序幕，除了部分國民黨的軍隊轉為游擊戰外，凡與國民黨沾上邊的都想方設法逃離新疆，主要經由兩大路線出逃：第一路線又分為：①翻越喜馬拉雅山到印度喀什米爾（我的好友、前土耳其駐台北辦事處官員法提合此時出生於此地），再經由阿富汗轉往土耳其（古老的穆斯林路徑）。②經由中亞哈薩克的阿拉木圖到土耳其。第二條路線也分為：③往西越過帕米爾高原到巴基斯坦，再去印度加爾各答轉台灣。④由西南經青海到

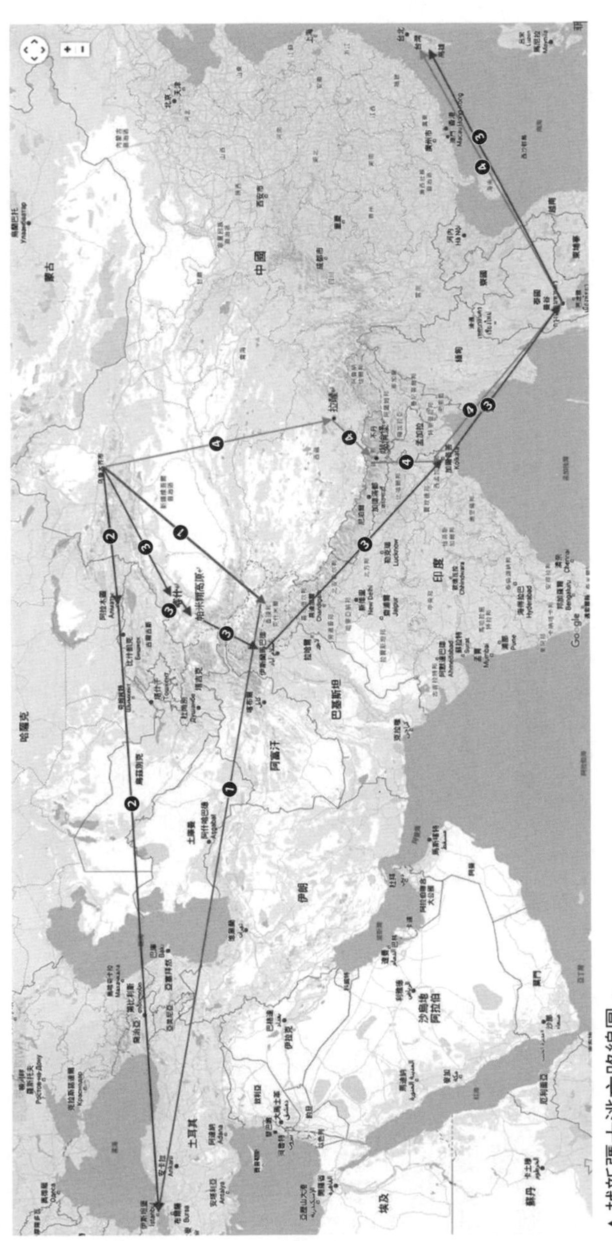

▲越新疆大逃亡路線圖。

拉薩，再翻過喜馬拉雅山去印度葛倫堡再轉往台灣。

一九四九年十月一日，毛澤東在天安門宣布建立新中國，蔣介石依然在西南地區繼續對抗，直到十二月十日，蔣介石在萬般無奈之下由成都搭機飛往台灣了。然而在大陸的西北與西南地區，尚有一些支持蔣介石的軍隊繼續與共軍對抗。當時留在新疆的國民黨部隊主要領導人堯樂博士，在一九五〇年四月由在台北的蔣介石任命為新疆省主席兼新疆綏靖總司令，對其寄予厚望。可惜！最終於一九五一年一月，堯樂博士也率眾撤離新疆到達拉薩，等待轉進台灣。

翻越喜馬拉雅山奔向台灣的人生故事，這一切都要由時任新疆保安司令部騎兵隊長，也是蒙籍國大代表的杜固爾寫給國民政府求援的一封信開始說起。

一九四九年九月，當共軍進入新疆首府迪化後，掀起了新疆大逃亡潮，杜固爾攜妻吳敦娜笙、喇嘛魯旦巴及鄉親總固爾，陪同新疆土爾扈特蒙古大王爺敏親王及家眷，一起離開迪化去拉薩「避亂」。一九五〇年三月抵達拉薩，在那裡過了大半年禮佛的日子。

其實早在一九三二年，敏親王為代償父願而前往西藏拜佛，行前將所有印信交付其子瑪尼，由他代理親王，敏親王在拉薩期間還與十三世達賴喇嘛見過面，故他對西藏是熟悉的。

不久山下局勢的變化使得他們決定離藏赴印去台灣。十月下旬由拉薩啟程，十二月抵達印度葛倫堡。十二月二十六日，杜固爾用漢文及托特蒙文書寫求援信寄給已遷台的蒙藏委員會，隨即（次年）一月四日蒙藏會回函告知將協助辦理來台事宜，另外並請協助查詢敏盟長（即敏親王，國府官銜為土爾扈特東部盟長、蒙藏委員會委員、西北行轅中將參議）下落並詳細報明。

蒙藏會之所以要急於查明敏盟長下落，因敏盟長避居拉薩時（八月六日）寫信給蔣介石請求協助赴台灣，該信由總統府交行政院後，轉令蒙藏會核議營救敏盟長專案，蒙藏會函覆行政院：「擬俟其由藏轉印，行止確定切取連繫後再行呈報」，故急尋之。當敏盟長由杜固爾告知蒙藏會急著找他時，立即寫信給蒙藏會說明其在印度的情況，從此也就展開了營救敏親王的專案工作。

在營救敏盟長過程時，敏盟長主動於一九五一年一月二十八日向蒙藏會陳報：「接拉薩方面報告據云堯樂博士由新抵拉，並要求職辦理入印許可。現職正各方設法中，俟有詳報再為奉陳。」在此患難之際，由此可見兩者相互救援之情。然而身為維吾爾族、篤信伊斯蘭的堯樂博士停留拉薩期間，受到當地回教人士的熱情接待，在逃亡的路上受到教友的接待，可說是心情上最大的慰藉了。

國際關注敏親王與堯樂博士逃離新疆赴台灣之事的發展

一九五一年初，堯樂博士由拉薩抵達印度，在等待轉往台灣期間，當他與印度總理尼赫魯及美、英駐印大使會晤時，他們皆關心他未來的去向，而他的回答是：「蔣總統在何處，即為投奔之目標。」不久之後，政府即以專案接運堯樂博士於五月一日抵達台灣，隨即蔣總統命其成立「新疆省政府主席辦公處」，七月一日正式設處在台北市臨沂街。然而敏親王此時還滯留印度等待赴台啊！

敏親王與堯樂博士逃離新疆，引起了國際高度注目。當時外交部曾函蒙藏會稱，聯合國難民事宜高級專員辦事處（設日內瓦）一九五一年十一月二十一日函詢敏親王抵印度後我政府辦理救濟情形，另又提及尚有一批三十九人滯留拉薩（推測是堯樂博士所率領，未獲進入印度的部屬），希望我政府給予救濟。另外美國在台北及新德里的大使館也參與了協助營救敏親王的工作，主要是協助信息的傳遞及救援經費的轉交事宜。

當堯樂博士抵台後並未忘記尚滯留在印度的好友敏親王，他多方籲請政府積極援救，在敏親王確定抵台日期前一個月，堯樂博士更以新疆省主席之名聯絡政府單位，要求對於接待敏親王的各項問題應先行解決，其中最重要一項是：預購日式房屋一所供其住用。

患難之途相同，脫困之路卻各有坎坷。當堯樂博士脫困抵台一年後，一九五二年四月敏親王抵達香港準備赴台，其中的波折令人心力交瘁，在港停留期間變數叢生，所以敏親王請國大代表杜固爾等四人

▲敏親王大福晉葛德欽（中立右者）、喇嘛魯旦巴（後排右二），前排由左至右，杜固爾、吳敦娜筌、敏德華（敏親王之女）、總固爾，甘珠佛爺（中立左者）。

先搭機赴台，向政府說明渠等在港之情況，並請積極協助處理。敏親王從離開新疆後，攜家帶眷經過二年多的苦難煎熬，一九五二年五月九日終於到了台灣。

在溫州街新疆大院子拉開桌椅泡茶聊天

一九五〇年代，台灣大學邊上的瑠公圳，柳枝青垂、水清有魚，夏天時就是孩子們抓魚戲水的天堂。溫州街的日式宿舍群更是寧靜優雅，卻也是民國人物匯聚之處，熱鬧非凡。因新疆大逃亡之故，還因緣聚會迸出了一座蒙、維、哈、回、漢各族雜處的新疆大院子。那時已在台灣安家落戶的敏親王常來院子裡找朱阿伯（朱炳、西亭先生）聊天，還是小蘿蔔頭的我見到他喊「嘎爺爺好」的時候，他就拿起拐杖作勢追著要打我，當然我一溜煙地就跑走了（「嘎」是「個子小」的意思，但小孩子哪裡懂得大人間彼此調侃的暱稱？）；另外大鬍子爺爺堯樂博士也是常客。這兩位老大爺一到院子來，大人們可就要忙乎一陣子，在院子中間拉開桌椅泡茶聊天，而我們這些小蘿蔔頭就到溫州街上踢皮球去了。

以下就來談一下這兩位老大爺的幾個小故事。

當堯樂博士出生之時，依習俗請阿訇（伊斯蘭教長）到家裡祝福命名，當阿訇進門時，首先道了一聲「堯樂博士」，（維吾爾語「Yolbas」，意為「小老虎」。）從此家人與親友沿用阿訇頭一聲喊名的習俗，都喊他為堯樂博士。

當堯樂博士與胡適博士在台北見面時，還曾以「博士」互相調侃。

「你是滿腹經綸的真博士，我是胸無點墨的假博士。」

堯樂博士恭維胡適先生，胡適聽了哈哈大笑說：「如果以名字而論，你這個『博士』是真的，我才是假的。因為別人喊我胡適可以不加博士頭銜；但如有人喊你堯樂而忘了博士這兩個字，那就大錯特錯了。所以我認為你的博士是真，別人的博士都假！」

▲堯樂博士

堯樂博士時常帶著年輕的夫人到大院子找鄉親話家常，小朋友都喜歡大鬍子爺爺還有年輕美麗的奶奶，因為他們會帶當時很稀有的糖果分給大家，甜甜的滋味都是對他們的回憶。

更讓鄉親懷念的，就是他常會安排鄉親們一起到郊外草地聚會，每家都會準備自己拿手的家鄉點心美食，各種口味的烤饢、油炸粿子、涼拌粉皮子、還有每個人都愛的俄式甜點，擺在桌上堆得滿滿地，當然還有多到吃不完的洋蔥牛肉包子及手抓飯。

最讓人期待的就是現宰現烹煮的全羊大餐了！因為在郊外草地有一些不便之處，所以烹煮分兩大類，羊腿肉切塊串烤來吃，當羊肉串放在大火木炭的烤肉架上，每次抓一把鹽、胡椒粉、辣椒粉向空拋灑，落下後炭火旺燒，大夥眼睛直盯住目標，剛烤好就熱騰騰伸手撈起一串，大快朵頤以解口饞了。除了羊腿外，其他部分剁成帶骨的肉塊，連內臟一起放在大鍋煮熟撈起，當手扒肉吃，最後再將切碎的洋蔥、馬鈴薯、紅蘿蔔放入羊汁湯裡燉煮。掀開那鍋濃醇的羊汁湯，有醉酒的滋味是母親的滋味，暖暖的熱羊汁化解了鄉愁啊！

在等待的時候，當然會進行最讓人興奮的草原歌舞大競技了。草地上有：維吾爾與哈薩克的東不拉琴聲，以輕快歌聲配上旋轉為主的舞蹈；蒙古的長調、低沉厚重急促的嗓音，舞者抖動肩膀、雙腳如馬蹄在草地上奔騰；二轉子（新疆人對混血兒的稱呼）更以輕快的俄國民謠搭配旋轉、下蹲踢腿、跳躍式的奔跑，讓全場驚聲尖叫，氣氛的高潮帶有草原的狂野。

當我們漸漸長大了，大鬍子爺爺堯樂博士也因為身體不好，很少到我們大院子來串門子了。後來他走了，至今依然很懷念大鬍子爺爺。

從一九五〇年代開始，每年農曆三月二十一日，在台蒙古同鄉都會配合政府舉辦中樞致祭成吉思汗大典，可說是蒙古同鄉每年最大的盛會，但身為新疆蒙族大家長的敏親王從來都不參加，他還寧願到大院子裡找朱阿伯聊天呢！八百多年來草原部族間的恩怨情仇還在台北上演著，而這些故鄉往事深深地留在我成長的記憶中。

清末民初蒙古有三大王爺，外蒙那彥圖、內蒙貢桑諾爾布、新疆帕勒塔，在那政權更迭的時代，帕王擔任阿爾泰辦事大臣，獨排眾議支持清廷，在隆裕太后召開御前會議時反對清帝溥儀退位，甚至表示願領蒙古騎兵南下決戰，其在歷史青冊上留下了豪語：「將來

▲敏珠策旺多爾濟（敏親王）抱著兒子敏洪奎與大福晉葛德欽合影。此照片由敏洪奎的好友王孟亮教授提供。

驅逐中原，尚不識鹿死誰手！」爾後因大勢所趨而支持共和，袁世凱大總統並委以重任，命其鎮守新疆邊衛以防俄蒙（外蒙）入侵。帕王可謂民國初期中央政府最倚重的新疆蒙族領袖，可惜壯志未酬而英年早逝，由其子敏珠策旺多爾濟承襲親王銜，亦即敏親王。

前有述及，敏親王為代償父願於一九三二年赴西藏禮佛，後因西北回族軍閥馬仲英入疆之亂，使其返疆之路受阻，而其當機立斷決定改去南京。一九三四年敏親王「繞道來京，備輸悃誠」，受到國民政府熱情招待，隨後任命為蒙疆宣慰專員，並酌給旅費前往新疆各蒙旗宣達中央德意。爾後敏親王步其父帕王後塵，活躍於北平、南京、重慶，與中央政府保持密切關係，曾任蒙藏會委員，成為政府中的新疆蒙族代表。當敏親王到台灣後，遇到很多舊識故友鄉親，日子倒也不顯寂寞，過得頗怡然自得。

敏親王與側福晉常來大院子，敏親王通常是與朱阿伯聊天，側福晉我們都喚她「俄國奶奶」，其實她是波蘭人，她每次來都會帶自己做的俄式小點心，我母親就會沏上一壺阿薩姆紅茶，當然都有一份小點心給孩子們分享，在那個物質匱乏的年代，美味啊！

此時，有人開始與側福晉用俄語交談了，在大院子裡習慣用來客的鄉音交談，如此才顯出熱絡的鄉情。因為新疆是民族薈萃之地，大家都會說多種語言，所以在大院子裡可以用蒙、哈、維、俄、漢語混雜的交談，毫無隔閡，鄉音最能圈住情感，溫暖離家的旅人。我們小孩子雖然聽不懂但習慣了，所以對於各種族語的問候的、吆喝的、感謝的、罵人的用詞也都能朗朗上口，最有趣的是我那北投土生土長的母親，竟能用各族語言跟來客寒暄，但若大鬍子爺爺帶著新奶奶來，兩個「台灣媳婦」就更有得聊了，這就是新疆人特有的文化背景。

敏親王的大福晉，我們稱她「蒙古奶奶」，時常帶著女兒「蒙古姊姊」來院子，這時候，吳敦娜笙最是高興，因為她們從新疆一路結伴來台灣，吳婆婆總是拉著我母親整治一頓家鄉美食，邊吃邊聊邊唱歌，我總是在旁邊打轉著，這是土爾扈特蒙古人留在我小時候的記憶，一直陪著我長大，至今還在燃燒著我的人生。

蒙古姊姊與我留在天山故鄉的姑姑是好朋

▲「蒙古奶奶」敏親王大福晉葛德欽於北投故居。

友，沒想到她居然帶有一張在老家拍攝我姑姑小時候在蒙古包前玩皮球的照片，她把照片送給我父親，這是父親唯一能將老家貼在心上的記憶，真的好感謝啊！

對於這些經歷數千公里坎坷顛簸、擔驚受怕的異鄉人而言，天山的草原模糊了，伊犁河畔的樹林遠去了，想不起哈密瓜果的香氣味兒了，來到了戰後再起的台北，那種感覺是陌生的、有距離的，他們有的在公家謀職，有的自營小生意，必須重新開始探索艱難的未來。

溫州街的新疆大院子，是唯一能讓他們停下腳步喘口氣，忘記眼下傷愁的溫暖之家，當走入院子就像回到老家的村子裡，一切都是那麼地熟悉、悠閒自在。十來戶人家任你串門子，連四眼小黑狗都跟前隨後的伴著，累了在樹蔭下靠著椅子打個盹，都是享受啊，大院子承載了所有新疆人的鄉愁啊！

新疆人在台灣，朱炳的大時代微歷史

一九〇一年，上海出現了中國第一輛汽車。之後僅僅三十年，中國大西北第一條民商所建的新綏公路（今烏魯木齊到呼和浩特）突然冒出來了，印在秋海棠的龍背上。

朱炳，一九三〇年代，他在自己騎駱駝於戈壁沙漠、草原高地中踏勘出來的路線上，用自己的汽車硬是輾出了一條新路來，打開了大西北往來京津地區的交通大動脈，他用一己之力完成了政府想做而又無法完成的國家重大交通建設，此種開創新時代的大無畏精神，至今依然留在西北人的記憶中。

朱炳，西亭先生，於一九〇〇年十一月三日出生於新疆鎮西縣（巴里坤），一九六三年八月二十四日病逝於台北市台大醫院，墓葬於台北市陽明山第一公墓。

朱炳年輕時在李自昭先生（新疆督軍兼省長楊增新

▲朱炳先生。

在迪化的唯一諍友）門下讀書，後得楊增新的賞識任為祕書。楊增新曾數度為他安排官職，但他都婉言謙辭，因朱炳無意仕途，只希望能實業救國，於是楊增新特別出資助其創業。一九二八年七月七日，楊增新遇刺身亡，次年出殯時，朱炳特地參與扶靈櫬護衛離迪，假西伯利亞鐵路到滿洲里，再經哈爾濱後東歸故里昌平，展露對老長官的感恩之情。

一九二三年，朱炳棄仕從商，創辦了文化性質濃厚的博達書館，主要經營書刊、筆墨紙硯及中西成藥，之後經營範圍不斷擴大為生活日用百貨及農特土產，因而改組為博達公司。它從天津、上海等地採購綢緞、布匹、京廣雜貨等，馱運至烏魯木齊銷售，同時將新疆的農特土產運往京津等地，是新疆本地人開辦的第一家資金雄厚、股份制的商貿公司，因為運貨需求量大，因此它也是當時新疆最大的汽車運輸公司。博達公司經營了十餘年，一九三四年卻被「新疆王」督辦盛世才以有「官股」、「逆產」罪名查封，資產全部沒收了。

朱炳騎駝踏勘戈壁開發大西北——新綏汽車公司

民國初期，新疆的交通情況，既無鐵路也無汽車設備，省內交通完全依靠獸力。一九二五年，楊增新籌設汽車局，並在天津購買了二十輛道奇牌二噸卡車，用火車經西伯利亞鐵路運回迪化，同時修築迪化至伊犁和哈密的公路，格局還是以省內運輸為主。一九二八年，金樹仁掌政，楊增新的施政被破壞殆盡毫無新建設。一九三三年，盛世才時代來臨，他採取親蘇政策，軍事上拉蘇俄抗國府、經濟上靠蘇俄發展，交通建設更是向北發展連結西伯利亞鐵路，不與內地的交通連結，使內地與新疆的距離越來越遠，如此對國內而言，不僅造成龐大的經濟損失，更是對軍事與國防有嚴重的危害。

談大西北近代交通運輸史，必先談朱炳創辦的新綏長途汽車公司（綏遠人稱綏新），若沒談它，就好像到了大西北沒去看過草原一樣。

一九二七年，蔣介石任命張鳳九為新疆省政府駐京辦事處處長，負責中央與新疆之間的協調工作。長期以來，政府一直想解決新疆與綏遠之間的交通運輸的問題，因此，當朱炳開始籌備創辦新綏汽車公司時，在張鳳九的引介下，經營長途汽車公司的山東人楊少農參與了在天津的籌備工作。另外，因為張鳳九的協調後來也獲得了綏遠省主席傅作義的支持，因此也為新綏公司獲得國民政府的支持奠定了基礎。

一九二九年，朱炳為了完成他的實業救國計畫，從新疆來到歸化（今呼和浩特）找他的把兄弟德厚堂的曹夢麟協助，朱炳曾兩次親自騎駱駝，同行的還有楊少農（楊少龍）、牟延壽（牟鵬林）、白旭初，隨著德厚堂的駝隊二次往來於歸化與奇台（當時新疆的商業中心）之間，查勘汽車能夠通行的路線。

一九三〇年，朱炳結束踏勘返回天津後，開始著手籌辦公司，期間他多次與曹夢麟及另外幾家駝戶（當時歸化有五大駝運商，德厚堂、興盛魁、貴福元、福善堂、福恆元）研究開辦長途汽車公司事宜。當時新疆與綏遠之間的貨物運輸還很落後，除了少數高單價物品用汽車運輸外，一般民生大宗物資都仰賴駝運，從迪化到歸綏，約三千公里要走上七十至八十天。

在商場上，速度往往決定勝負。相對於中國的落後，另一方面，依據新綏公司一九三〇至一九三二年的統計資料顯示，蘇俄早在一九三一年一月二日就已開通土西鐵路，此鐵路沿著新疆邊境全線鋪設，且沿途車站通往新疆各大城市之間，均已修闢汽車路而瞬息可達。因鐵路完成後的磁吸作用，使得新疆運往綏遠的貨物數額大量減少約百分之八十以上，蘇俄在新疆的經濟貿易上，在爭奪特有物資：羊腸子、沙漠獺皮、狐皮、狼皮、貂皮、掃雪皮，以及羚羊角、鹿茸……等等，另外，重要的大宗物資：白羊毛、雜羊毛、駝毛及各式羊皮，還有馬鬃馬尾、乾鹿角、貝母、葡萄乾……等等，取得優勢佔得上風。

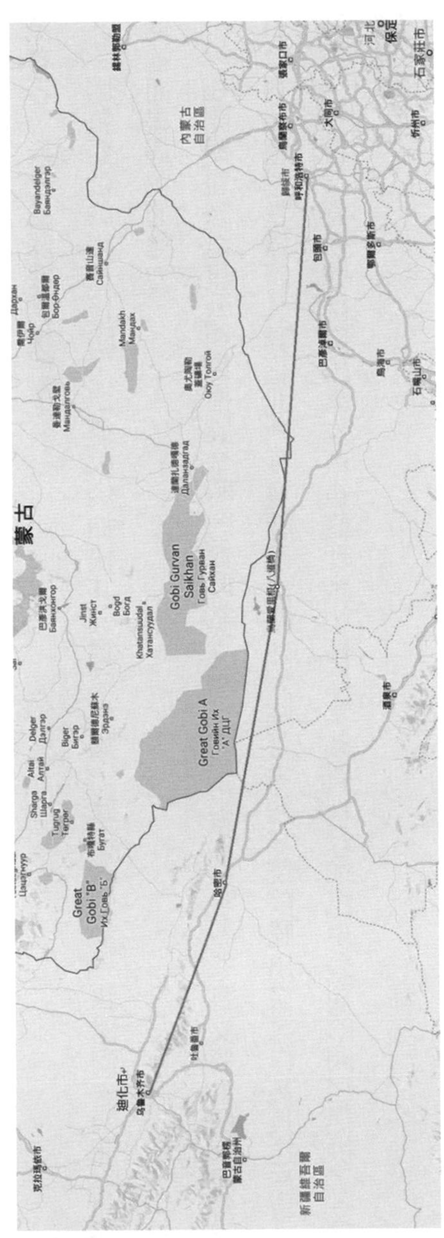

▲新綏公路由迪化（烏魯木齊）經哈密過烏蘭愛里根（八道橋）到達歸綏（呼和浩特），2917 公里。

另外，由內地運往新疆的貨物，除捲煙、呢絨、綢緞、茶葉、書籍、國產藥品等尚可維持外，其他貨品皆受蘇俄貨排擠而減少輸入達百分之七十以上。此外，大宗物資的民生日用品、工業用品如：汽油、煤油、蠟燭、火柴、砂糖、鋼鐵、五金、瓷器、玻璃、棉料及布等，皆已由蘇俄貨壟斷了。

因為蘇俄的經濟侵略，使得朱炳加快其「實業救國」計畫的腳步，為擘劃大西北交通運輸而盡最大的努力。

在開辦新綏汽車公司籌措股金時，德厚堂等幾家駝戶出了很多力。為支持朱炳創辦汽車公司，德厚堂還將其歸化北門外寬巷子的四個大院落中的二號院騰出來，作為長途汽車總站，以後又將四號院騰出來作汽車修理廠，德厚堂為新綏長途汽車公司的開辦提供了良好的條件。

一九三三年，新綏長途汽車股份公司終於獲得國民政府批准。該公司純為民商集資並無官款，股本三十萬元，分六千股，每股五十元，後來股本增加為一百萬元。公司總部設在天津法租界五號路十五號。公司總經理由朱炳擔任，工程師楊星山（楊崑山），總務主任白旭初，有職員六十五人。新綏長途汽車在沿線設立了七十二站，總站就設在歸化由德厚堂提供的北門外寬巷子二號，由牟延壽任總站主任；另有分站四處，休歇站八處，油站十二處，其餘為小站。該公司發展後擁有貨卡六十四輛，客運八輛，共計七十二輛車，還設立了三家汽車修理廠。新綏公路全長兩千九百一十七公里，也是當時中國最長的汽車交通路線。大西北突然冒出了一家全國知名的新綏公司，意氣風發的青年實業家從此開始大顯身手了！

一九三三年八月三十日清晨，新綏長途汽車公司楊星山一行九人，駕駛斯偉特牌汽車一輛，萬國牌汽車四輛，由歸化開出首次試營運車（含載試托運郵件三袋），因逢雨季道路濕軟難行，行駛二十九天後只有一輛車到達哈密，其餘汽車除一輛中途損壞外，另外三輛因新疆戰亂（新疆督辦盛世才與西北馬家軍交戰），油料補給中斷，被迫停在距哈密三百一十公里外的泊子泉。隨後只有那一輛車繼續西行，於十月十日到達迪化，這是第一輛商運汽車由綏遠開往迪化的創舉。

第二次試通車是在首發之後不久，於九月十六日又派出了由四輛福特牌和二輛萬國牌汽車組成的第二批車隊，載運貨物及郵件，每輛車載重一千五百公斤，由牟延壽親自帶隊，西行二十日後有四輛抵達哈密，因戰亂之故不能繼續前行而滯留二個月，然後於十二月九日起返，當回程時因路面已乾，故僅用了十天就到了歸綏。

一九三三年十二月十六日，瑞典探險家斯文赫定在查勘西北公路時，在額濟納河岸邊的松杜爾大本營，遇到驚慌逃離哈密的新綏公司試車隊，其在日記中描述：

「下午四點鐘，從西邊傳來了汽車的馬達聲，三輛卡車在高低不平的道路上搖搖晃晃地顛簸過來，不一會兒，裹著厚厚的塵土，嘎然停在了我們帳篷前。這是歸化一家汽車公司的車子，在哈密被扣了二個月，到底也沒有獲准去迪化。最後，馬仲英將軍放了他們，司機開足了馬力，像逃命一樣，只用了八天時間就從哈密開到松杜爾。」

一九三四年，因盛、馬兩派軍閥相爭交戰，導致新疆的路況不平靜而運輸不順，直至十一月戰事平定後才開始正常運行。從此新綏路可謂全線通車了，隨即交通部電令全國，凡郵寄新疆的函件包裹不必再發往俄屬中東鐵路由西伯利亞繞行，改由綏新長途委辦汽車郵路運輸，顯示國家對民族企業的支持。

新綏公司汽運路線——大西北的交通血脈

新綏汽車公司成立之初獲政府批准營運路線有：一、綏哈線，綏遠省歸綏市至新疆省哈密市；二、蘭哈線，甘肅省蘭州市至新疆省哈密市；三、歸肅線，綏遠省歸綏市至甘肅省酒泉市（古稱肅州）。

一九三六年二月，綏遠省政府建設廳批准，新綏汽車公司取得三條短途運輸路線的經營權：一、歸綏市至托克托線；二、歸綏市至和林格爾；三、歸綏市至涼城線和山西省殺虎口（也稱西口，清末稱「走西口」即指此處）。

在國內軍閥衝突、日俄外患逼近的混亂時代中，新綏汽車公司對穩定大西北局勢做出了巨大貢獻，因而被綏遠省建設廳譽為「該公司現為中國大西北一息僅存之交通血脈」。

一人抵一國，朱炳超前政府完成新綏公路

一九三三年九月二十六日，南京國民政府鐵道部組織綏新公路勘察隊，聘請瑞典地

理、考古學家斯文赫定為顧問主持，調配工程師龔繼成、尤寅照及隊員陳宗器（天文學家）、般格門（地形考古學家）、赫美爾（醫生）、蘇特彭（機械員），四位隊員中有三人為瑞典籍，次外還有司機、夫役及臨時招聘的蒙、回民引路者若干人。勘察工作隊在北平（今北京）成立，於一九三三年十月十五日，由機械員蘇特彭率領司機，從北平達歸綏，其餘人員隨後于十月二十一日亦至歸綏。勘察隊經十九天的準備工作，於十一月十日整隊西進，他們的勘察路線，大多都是順著新綏汽車試行路線而行，一路也算歷盡艱辛到達了迪化。又於一九三四年十月離迪，經甘、陝等省，在來回歷時十六個月，行程一萬五千四百四十四公里後，於一九三五年二月十一日返回北平，十三日歸達南京。這次勞師動眾的綏新汽車路勘察，雖有提出《呈鐵道部綏新公路勘察隊工作報告書》，但因國力贏弱、戰亂頻生，一直停留在構想階段，未能啟動。而這時朱炳所辦的新綏長途汽車公司，已在新綏之間行駛客貨運輸了。

新綏公司在其營運期間，除了運送郵件包裹外，還負起一些社會責任，都是具有時代意義的事情。例如，為了提倡西北地區文化教育事業的發展：一、該公司每年提撥盈餘十分之一為西北教育基金，專用於補助新疆去內地求學的學生；二、凡由新疆至內地求學的學生，車票一律半價，貧困者免費，另由內地被聘赴新疆辦理教育者，也一律免費；三、運往新疆的文化物品，例如學校的圖書、印刷品及新聞用紙均特別低價承運。

另有一事也可見其回饋故鄉教育事業之情：一九三五年，朱炳的故鄉鎮西國民中心一校，哈忠廉校長為創辦女子教育班，寫信給朱炳請求協助，他慨然允諾，並在開學前就將捐贈的課本和風琴送到學校了。

抗日戰爭中的朱炳與新綏公司

一九三七年抗日戰爭爆發後，日軍迅速占領了平津地區，內蒙古也岌岌可危。朱炳的「實業救國」夢想被迫按下了暫停鍵，而為了避免公司的汽車被日軍搶奪，新綏公司將人員和車輛轉移到西北，其中部分車輛捐作了軍用，隨後又將總管理處遷往蘭州中街子十七號及三十八號。

一九三七年八月，淞滬大戰之時，某日朱炳在上海機場準備搭機飛返新疆，剛巧碰上日本空軍轟炸上海，機場遭受到猛烈攻擊，當大夥都驚恐慌亂時，一位牧師帶著家人在禱告，那種氛圍感染到朱炳。他走過去，牧師就邀請他一起禱告，並說上帝會保佑他，接著就拉著他的手開始祈禱。當轟炸結束後，上海機場幾乎全毀，但他們所處的角落卻安然無恙，朱炳此時對此神蹟心懷感念，因此他成為了上帝的信徒。

在抗戰期間，新綏公司也參與了故宮文物南遷的工作。一九三七年十二月，當日軍攻破南京時，最後運走的一批文物也到了陝西省寶雞市，待了二個月後又奉命轉運漢中，最終目的地為成都。由陝入川，當時秦嶺上的熊貓隨處可見。後來戰爭吃緊，汽車越來越難找，故宮押運人員劉承琮就找上了新綏公司，根據劉承琮回憶：「（新綏公司）老闆是朱炳，司機大部分都是天津人，也有個別北京人，大家相處起來非常融洽，都是北方老鄉，格外親切，事情也好商量。」從寶雞到漢中，道路艱險，由於人手太少，要連續往返發車。劉承琮一個人一次押運十五輛汽車，汽車都是美國道奇的，前面車上架著機關槍，由官兵保衛，因為故宮文物的安全僅次於蔣介石的安危，又有行政院的公文，所幸也就一路通行了。

一九三七年對日抗戰全面爆發後，新疆人民發起了獻金捐飛機及募集寒衣的活動，光是一九三八年，迪化地區就捐獻了皮衣二十萬件，另捐獻了新疆幣三億兩，購買了十架蘇俄戰鬥機，命名為「新疆號」，一九三九年八月二十四日，十架新疆號從迪化機場飛赴抗日前線。此時朱炳以新綏公司名義呈獻四千元購機，並允諾每月獻金一千元，直至抗戰勝利結束之日為止，蔣委員長以新綏公司慷慨捐輸、共體國難，還予以諭令嘉勉。（中央日報，一九三九年七月五日）

另外，一九四一年，朱炳又以個人名義，捐獻了九架飛機抗日，成了轟動全國的新聞，更因此獲得國府頒發青天白日勳章（見方兆麟所著《趕大營》一書），以表彰其愛國豪情壯舉。

朱炳為營救遭盛世才扣押的四百餘知識份子而挺身控訴

一九四二年八月二十九日，宋美齡代表蔣介石赴迪化與盛世才會談，隨後九月十七日將共產黨在新疆的主要人員，陳潭秋（共黨新疆負責人）、毛澤民（毛澤東之弟）、林基路（烏什縣長）等多人軟禁。盛氏的舉動有評論認為這是盛世才向蔣介石遞送的「投名狀」。

一九四三年一月八日，盛世才加入國民黨，九月四日去重慶參加國民黨第五屆十一中全會，九月下旬返回迪化，隨即展開大規模的逮捕共產黨員，另更是不分黨派，凡是不滿盛氏作為的異議份子皆逮捕扣押，共計四百餘知識分子含冤入獄。在此期間，九月二十七日，陳、毛、林三人被盛世才秘密處死了，因消息隔絕，噩耗直至一九四六年七月後才被證實。

朱炳在對日抗戰期間，不僅出錢出力支持政府抗日，更關心家鄉政治局勢，他不畏險惡挺身而出，寫信給國民黨中央組織部朱家驊部長控訴盛氏劣行（中央研究院近代史研究所檔案館），可惜抗日戰事吃緊，國府不願再多生事端得罪軍閥，只復函勸朱炳「一切宜以大局為重」，辜負了一介儒商的滿腔義憤。

抗戰勝利後，百工興業，新綏公司的經營實力究竟如何？或可舉一例來說明：一九四七年，當時上海是全國的經濟商業金融中心，四川成都商業銀行上海分行，因二月開始黃金買賣業務失利，累計到全銀行虧損約十七億元，已處於隨時可能倒閉的危急中，故以斷尾求生方式，欲將上海分行頂讓以填平債務，雖多方尋找買主，但實不易找到肯出這樣高價的買主。在這期間，財政部科長張肩重推薦了新綏公司朱炳來上海洽談頂讓之事，雖然最後因價差談不攏而未成，但由此事可見新綏公司當時的實力，在上海金融界是受到肯定的。

朱炳用自己的汽車輾出了一條由新疆到綏遠的汽車運輸路，貫穿了北疆的戈壁、沙漠、荒原，這在中國有汽車以來的交通史上是獨有的壯舉。將新疆、甘肅、寧夏等大西北的豐富物資運到歸綏再轉運行銷國內外，同時也從此路線運回了大西北所需的工業及生活百貨物品。時至今日，新疆到內蒙古的高速公路還是建在新綏公路的基礎之上。他是開拓大西北的先驅者，他的精神是可歌可泣的，是屬於新疆人的永生財富。

▲我母親陳月紅是朱阿伯的義女，這是她人生中最自豪的事。圖為作者全家攝於新疆大院子前，母親抱著妹妹海珍，其次是大哥海中天、大姊海霞（左）、二姊海露（右），前排小男孩是作者。

朱炳的人生歲月——從新疆到台灣

一九四九年，時代的巨輪輾碎了無數人的生涯旅程，戰後的台灣百廢待舉，各路人馬使得台北顯得擁擠不堪，皆在苦悶之中等待突破。當新疆人繞過大半個亞洲，萬里迢迢流亡到了台灣，舉目無親只求一個安身之處。此時四位新疆籍的中央民代——阿布都拉、廣祿、艾拜都拉、海玉祥——向蔣總統陳情協助解決來台新疆人的住房問題，經撥款後購買了在溫州街的一棟二層日式樓房，於是新疆大院子就蹦出來了！

不久之後，朱炳也從新疆來到了台灣，客居溫州街的新疆大院子。朱炳曾是新疆年輕人心中崇拜的英雄，我父親海玉祥當年小學生時還在新疆省府前搖旗歡迎過朱炳。然而時代的蒼涼轉變，此時他窩居在大院子裡只有一張床和一張長桌子的小房間裡，經濟困頓手頭拮据，父親就要母親用餐時多準備一副碗筷，從此朱阿伯就與我們搭伙吃飯了，在大院子裡，不管誰家晚餐做了麵食都一定會送一份給朱阿伯解饞，這就是我們大院子最讓人無法忘懷的溫馨。

當我還小的時候，每當母親忙做家事時，就把我放在朱阿伯的床上，塞給我一個槓子頭慢慢地啃，而他就在長桌上畫山水國畫，他還去師範大學拜黃君璧習畫，所以畫作頗受好評。

當我稍長大一點能為朱阿伯跑腿做事時，他就喚我「小伙計」（鄰居小朋友聽了就用閩南語把我叫成了「火雞」），我最常做的工作是拿著空瓶子去街上雜貨店幫他打酒，有時他沒錢了就叫我回家去倒一杯酒給他。記得有一次櫃子裡沒酒了，就讓我去廚房倒杯做菜的米酒，當母親知道了這件事後，就告訴父親以後櫃子裡不可以沒有酒，因為朱阿伯有正式的認了我娘為義女，所以我娘很用心地照顧他的生活。

在我寫這篇回憶時，我去拜訪了廣定遠大哥（新疆錫伯族，前立法委員廣祿之子），他提到了一件事：他高中時（大約在一九五三年），朱炳的弟弟朱俊，當時是新竹空軍基地的飛行教官。在某個週日朱俊到廣祿家，定遠大哥做新疆拉條子

▲作者與廣定遠大哥（新疆錫伯族，前立法委員廣祿之子）。

（手拉麵條）給他吃，沒想到隔日竟傳來噩耗，朱俊的飛機失事墜毀了！後來衣冠塚就葬在新店碧潭的空軍烈士公墓，接著朱炳還把弟弟留下的美式呢子外套、衣服、鞋子都送給他，這在當時是非常拉風的行頭，讓定遠大哥至今念念不忘。另外，朱炳與廣祿同齡，在新疆曾為建設交通事業合作過，兩人有深厚情誼，所以廣祿也時常來大院子看朱炳聚聚聊聊。

弟弟的殉難對朱炳打擊很大，從此他一個人困居台北心情沉悶，因長期有喝酒習慣身體也漸漸出現病痛，鄉親見了都覺得不捨，問他為何不去向蔣總統請求協助？他淡然回說：老先生這麼忙，別去煩他了。這就是他豁達的人生觀。

最後鄉親們終究忍不住了，就去青田街拜託西北大老于右任向蔣總統陳情，於是獲得總統接見，為了見面時需體面一點，我母親還向舅舅借了一套新西裝給朱炳穿了去見總統，終於帶了好消息回來，他被派去擔任台灣銀行監察人，還配給一戶日式宿舍，大院子鄉親們可興奮的熱鬧慶祝了一整天，朱阿伯還很認真地說，要帶我的「小伙計」一起過去住呢！

然而，人生的際遇就像天山下的草原，一天會經歷四季變化的洗鍊。在等待派令走馬上任搬新家之時，不幸地，朱阿伯住進了台大醫院，母親常燉了他喜歡的排骨湯，帶上我們小孩子一起去醫院看他，七個多月纏綿病榻，美好的願景一直留在他心中，最終還是沒能陪他走出台大醫院，徒留遺憾。

他在台灣最後的身影，就像傲然在懸壁岩上的大角野盤羊，蒼涼傲世；更像戈壁灘上的孤狼，立在山巔上回眸望向遠方的足跡，那是一條無法回家的路啊！

▲朱炳之墓，台北市陽明山第一公墓。

後記

當我長大成家之後，每年我過生日時，都會帶妻小回父母家一同慶祝，歡聚之後臨走前，母親總是提醒：再過十天就是朱阿伯忌日，要記得帶瓶酒還有紙錢回來祭拜。忌日當天，母親總是煮一大盤水餃還有羊肉湯，這是他最喜歡的家鄉味兒。當我父母都過世後，我將朱阿伯及外公外婆的遺像帶回家，與我父母的遺像一同放在祖先供桌上每日祭拜。兩年前，因長年水土保持不佳，朱阿伯墓地的駁坎坍塌了，恐危及墓園主體安全，就雇工重修駁坎，同時將墓園整平鋪實再貼上磁磚，如此堅固美觀就可放心地讓朱阿伯安息於寶島了。

尋找吳敦娜笙的歌

失智的吳婆婆唱著故鄉的快樂，我卻彷彿看到兒時的溫馨。當我問這首歌的故事在講什麼？吳婆婆也只是笑笑看著我，自顧自沉浸在那少女的鄉愁裡。

草原，自古以來就是遊牧民族男人與大自然搏鬥的天堂，但對女性而言，可以說是生活在一個封閉的社會裡。二十世紀封建王朝瓦解後，遊牧民族女性獲得解放，接受新教育的還是鳳毛麟角，尤其是在如此遙遠又有宗教束縛的新疆。吳敦娜笙是土

▲新疆巴音布魯克草原。

爾扈特族人中，第一批就讀於我父親辦學的女學生，是一位多才多藝能歌善舞的新女性，畢業後嫁給新疆選出的蒙籍國大代表，也是新疆保安司令部騎兵隊長杜固爾。然而，幸福快樂的日子沒過幾天，土爾扈特人流離避戰的宿命又籠罩下來了。

一九四九年，新疆因國共衝突而動亂，吳敦娜笙跟著身為騎兵隊長的丈夫，還帶著一位喇嘛同行，經過青海走到西藏拉薩，他們是虔誠的佛教徒，在那住了一年。此時敏珠策旺多爾濟親王（敏親王）也攜家眷避亂於拉薩，而後他們一同又翻過喜瑪拉雅山到印度的加爾各答，此時政府也展開了營救敏親王的專案，他們也隨著營救專案而千辛萬苦輾轉來到台北，住進溫州街的新疆大院子。

▲吳敦娜笙（右一）、杜固爾、杜慧珠、魯旦巴喇嘛。

尋找由此開始。

十七世紀時，已傳唱在俄羅斯伏爾加河域，土爾扈特汗國草原上的一首歌，在數百年的顛沛流離之後，居然在台北溫州街的新疆大院子裡重新響起，令人感嘆歷史洪流不斷輪迴，甚為奇妙。

歷史的故事需要從頭說起，也就是，土爾扈特人是如何出現在歷史的篇章裡。

十二世紀時，中古歐洲處於黑暗時代，飽受穆斯林的侵擾，在絕望之餘舉起了希望的火把。當時在歐洲流傳的史書中，述及草原突厥民族克烈部改宗基督教聶斯脫里派的事蹟。此外「鐸德約翰」（約翰長老）的傳奇也在中古歐洲廣泛流傳。傳說在東方的約翰王，會來解救基督徒世界。另外，十三世紀時，在《敘利亞編年史》中，明確地將傳奇人物約翰王與克烈部首領王罕連結起來了。馬可波羅更在其著名的遊記裡談到約翰長老與成吉思汗的戰

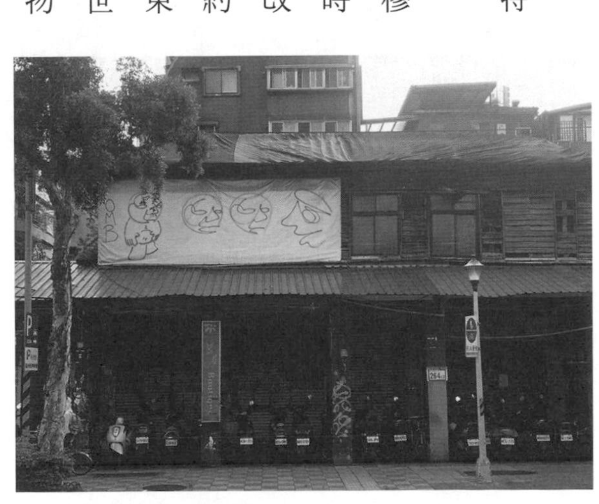

▲溫州街的新疆大院子現況。

爭，他也說約翰長老就是克烈部的王罕。

鐵木真為建立大蒙古帝國，於一二〇三年攻擊突厥族的克烈部王罕時，王罕的弟弟札合敢不並未出手相助兄長，反而與鐵木真結盟。鐵木真大敗王罕後，一部分人隨札合敢不歸入蒙古部，鐵木真稱札合敢不所領部眾為土爾扈特（蒙語意為：護衛者、近衛軍），其他人則流散在中亞，成為各突厥民族的組成部落之一。札合敢不將長女亦巴合嫁給鐵木真為妃，次女唆魯禾帖尼嫁給了鐵木真第四子拖雷，也就是蒙哥、忽必烈、旭烈兀、阿里不哥的母親，蒙古史稱四帝之母。

一三六八年，大蒙古帝國崩解後，元順帝退回蒙古高原，輾轉之後以哈喇和林為首都，也就是東部蒙古。此時西部蒙古的各部落已結合成為衛拉特聯盟，與東部蒙古成吉思汗嫡系貴族分庭抗禮。一四三〇年代，賢義王奇旺帶領原克烈部眾以土爾扈特之名加入了衛拉特聯盟。

之後一百多年，土爾扈特人優游自在的遊牧於天山、阿爾泰山的草原上。直到明末萬曆年間，一六〇〇年代，因聯盟中的準噶爾部壯大而使得新疆草原顯得擁擠，為了避免衝突，土爾扈特人選擇向外擴張到千里之外的伏爾加河大草原，建立了自己的汗國。

然而，一百多年的美好新生活轉眼又到盡頭。一七七一年冬季，土爾扈特人不堪俄國葉卡捷琳娜女皇的壓迫，而與之決裂舉族東返故土，期間經歷了歷史上最悲慘的遷徙而死傷無數，終於回到故鄉草原，土爾扈特人累了！另外一部分未隨行東返，滯留在伏爾加河西岸的族人，則被當地的突厥人戲稱為「喀爾瑪克」（遺留者）。

一九四九年，在故鄉草原上，才休養生息了百餘年，不幸的戰火又燒上來了。對於世居新疆優游自在於大山、大河、大草原的遊牧民族而言，國共內戰是不了解的。自古以來，草原人的天命，誠如雍正皇帝所說的：誰強被誰據，遂納貢賦。大部分人繼續過他們的日子，只有極少數人為了避亂而離開了故鄉草原。他們是敏親王家五人、

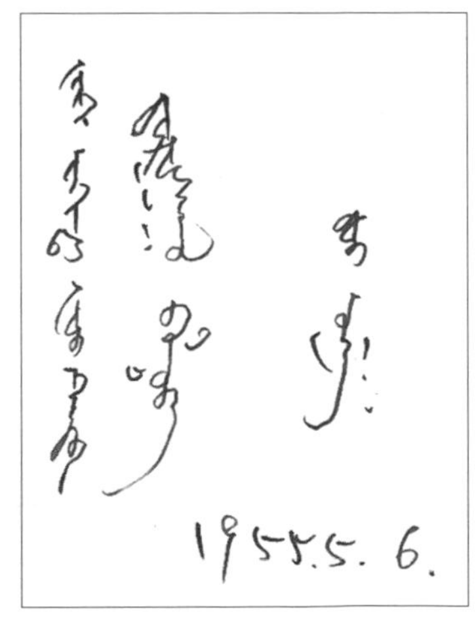

▲吳霞（吳敦娜笙）致贈席慕蓉母親的紀念相片。（席慕蓉提供）

杜固爾帶著吳敦娜笙及魯旦巴喇嘛，還有單身的總固爾與我的父親海玉祥，也就這十人以不同的方式，從不同的路線，過程相同的苦不堪言，最終會合來到了台灣啊！

五〇、六〇年代時，在台灣的新疆各民族，包括維吾爾族、哈薩克族、回族、蒙古族、還有最佳表演才藝的二轉子（中俄混血者），組成了新疆歌舞團去演出勞軍。吳敦娜笙能歌善舞是該團的靈魂表演者，獲得了廣大的迴響讚美。在當年的時空環境下，新疆歌舞團在台灣的勞軍活動，可說是一場瑰魅奇妙的景象啊！

六〇年代的台北，動盪的時代，物資缺乏的生活，小朋友最期待的就是過年，能穿新衣、吃糖果。然而在溫州街日式建築的新疆大院子裡的小朋友，最期待的卻是雙十節。因為政府會接待來自歐美各地的喀爾瑪克人（第一、二次世界大戰後，喀爾瑪克人逃離俄國而散居於美、德、法，目前約五千人）參加國慶大會，他們也會與在台鄉親有一場大的聚會，當天最特別的是，宰羊烹煮傳統的土爾扈特全羊大餐，大家都盡興的唱歌跳舞，歡樂的氣氛更勝新年！

在大聚會的日子，每次父親都會邀請一位也是來自新疆的哈薩克族友人焦羅巴依來院子幫忙宰羊，因為哈薩克人是最會宰羊的，此時院子裡所有的人都圍繞著看他宰羊。只見他虔誠地唸完一段可蘭經文後，用一把手掌長的小刀，輕輕地在羊的胸膛上劃開一道小口子，手伸進羊身體裡掐斷心臟的大動脈，只聽見羊兒悶地哼了一聲，沒有掙扎也沒有痛苦的不動了。接著由精壯的蒙古小夥子土孫，在羊後腿的腳踝處拉開一個小口子，就著嘴鼓起雙頰往裡吹氣，只見他滿臉脹得通紅，雙頰鼓鼓的像吹風鼓似的將羊吹得圓滾的像氣球，使羊的皮肉之間灌滿了空氣。然後再用刀在羊脖子上劃開一圈，再往下沿著羊胸劃一刀到尾部，然後用手掌插入羊皮與肉之間，用力在羊身子上抹一遍使之完全分離，再在四隻羊膝

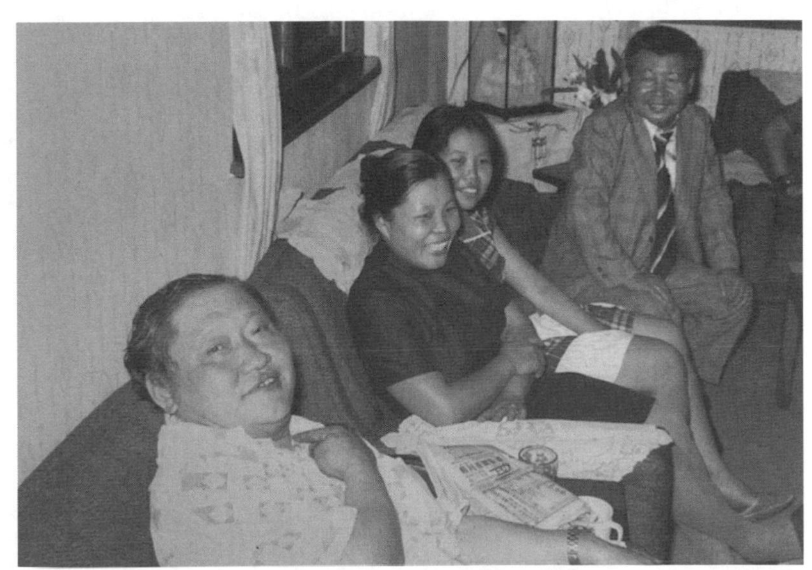

▲席慕蓉筆下的丹僧叔叔（右一），旅居德國的喀爾瑪克蒙古人與大院子的土爾扈特鄉親海玉祥、總固爾的太太總周美玉、女兒總布凡相聚。

關節處劃開圈子，如此沒一會兒，完整的一張羊皮就被卸下來了。接著就是清開內臟、收羊血、順著骨頭分解肉，不到一小時就完成全羊大餐的備料工程了。

此時，吳敦娜笙就帶頭領著院子裡的女人們，開始各自大顯身手了。有烤羊肉串子、手扒肉、羊肉包子、包了內臟灌了米的大血腸、清燉羊骨湯，當然還有最澎湃堆得像座小山的羊肉抓飯，最後把羊頭放在炭火上慢慢地烤，焦香味漫飄在整個院子裡。這時候小朋友最期待的時刻到了，國外來的鄉親會把帶來的巧克力分給小朋友，這時候整個院子的小蘿蔔頭們，都聚在烤羊頭的火爐旁，分享品嘗這屬於小朋友的人間美味啊！

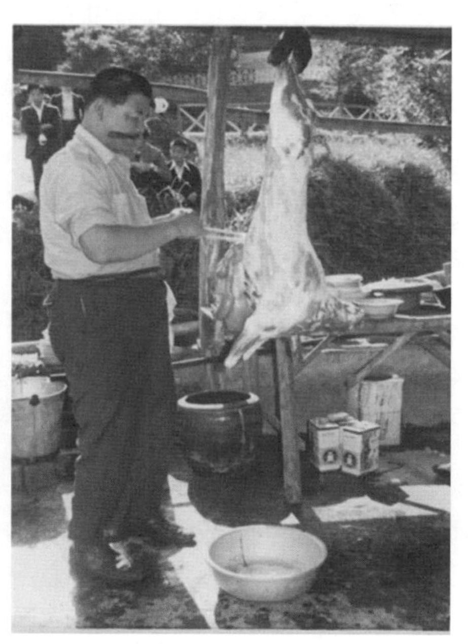
▲新疆哈薩克族的宰羊高手焦羅巴依。

此時酒香、肉香伴著鄉親的關懷問候，陣陣的鄉愁也慢慢地在一首又一首故鄉的歌聲中釋放出來，迴盪在整個大院子裡。吳婆婆總是把我抱在膝蓋上教我唱歌，此時此景伴我成長，這是屬於我的土爾扈特草原人生的開始。

平日裡，大院子的小孩最期待在傍晚時，吳婆婆吆喝大家拿著小板凳圍坐在院中的草地上，她會準備很豐富的點心，我們拿著塗滿鮮奶油的油炸粿子沾砂糖吃，再配上鹹鹹的蒙古熱奶茶，一邊享受吃的快樂，一邊聽吳婆婆說土爾扈特草原上的故事，有時還會教我們唱她小時候的歌。長大後才了解，院子中的草地是吳婆婆夢裡故鄉的草原，而她是照顧我們的牧羊女。

在我讀高中時，院子裡的小孩都慢慢長大了，房舍擁擠不夠住了，我家與吳婆婆家都搬到新店的中央新村去了。大學畢業後去美國留學，返國後工作也一直很忙，直到母親叫我陪

▲吳敦娜笙來做客，我父親海玉祥（右二）抱著孫女海綺。

她去看吳婆婆，因為她生病了、失智了。當見到吳婆婆時，她高興地拉著我的手併肩坐在沙發上，還要我一起唱歌。吳婆婆的女兒圖布芯眼眶紅紅地說，媽媽好久沒這麼高興了！此時我開始唱起來了，吳婆婆接著唱，我重複地唱，失智的吳婆婆唱著故鄉的快樂，我卻彷彿看到兒時的溫馨。當我問這首歌的故事在講什麼？吳婆婆也只是笑笑看著我，自顧自沉浸在那少女的鄉愁裡。此時突然感受到一根扁擔落在肩頭上了。

小時候吳敦娜笙婆婆抱著教我唱歌
我唱一段　她唱一段
我重複唱　她唱出思念的心情
我再重複唱　婆婆唱出心中的悲傷
濕潤的眼神是遙遠的牽掛

▲吳敦娜笙的女兒圖布芯（杜慧珠）。

吳婆婆老了　失智了
我重複唱著那首歌
不知道歌名也不知在述說什麼
只知道那是故鄉的歌

在裏海北岸　在伏爾加河的草原
向他們述說這首歌
伏特加在杯中晃動著
老人好像唱過這首歌

像候鳥飛回蒙古高原
在土拉河畔　在阿爾泰山腳下
向族人述說這首歌

輕柔的哼著相似的調子
幫祖靈尋找她的故鄉吧！

從呼倫貝爾飄盪過錫林郭勒草原
在荒漠的阿拉善
駝鈴伴著歌聲走向沙漠的最遠處
何處是婆婆的家啊！

年復一年
客居異鄉的族人深情望著
歌聲帶動著閃爍淚光
那是吳婆婆的歌啊！
多少的鄉情在懷念中擁抱

飄著大雪的庫爾勒
雨刷一片片的刮開落下
飲著有母乳滋味濃郁的馬奶酒
溫潤舌尖暖暖地沁潤心窩
述說吳婆婆抱著教我唱歌
兩鬢白髮依舊在尋找那首歌的故鄉

哈登旦　歐德勒瑰　哈德勒雅尬　奇奇　哈德勒雅尬　歐尼格森貝　歐……

鄉音爆發在氈帳裡
淚流在族人的親情中
我唱一段　他們唱一段
我重複唱　他們唱著少女的喜悅
我再重複唱　在歡樂中一起仰頭飲下這首歌

美麗的母親巴音布魯克草原
吳敦娜笙婆婆的故鄉
那首歌的故鄉

過去二十多年的歲月裡，在我工作的旅程中，走遍散居各地的土爾扈特人居住地區，始自俄羅斯境內的喀爾瑪克（土爾扈特）共和國，接著南下蒙古國，再橫跨內蒙古到新疆的巴音郭勒自治州，在天鵝湖畔的巴音布魯克草原，尋找吳敦娜笙婆婆的歌的腳步，停下來了。

回到台北後，還興奮地告訴吳婆婆的女兒圖布芯，等忙完後我就會去看婆婆，要說故事還要唱歌給她聽。騰格里的長生天啊！突然晴天噩耗劈得我嚎啕大哭，還來不及告訴吳婆婆，我找到

▲吳敦娜笙婆婆的歌——冬季的巴音布魯克草原。

您的故鄉了。那天在喇嘛誦經聲中隨著眾人繞行棺木瞻仰，吳婆婆安詳的臉龐口含珍珠，全套土爾扈特傳統服飾，像似已準備好要翱翔歸鄉的鴻雁。我淚水直流，心中重覆唱著吳敦娜笙婆婆的歌，祈盼歌聲能陪伴您平安回到巴音布魯克草原。

▲巴音布魯克草原上的佛寺。

2

歸鄉——與佛同行

蒙古之冬

那天，烏蘭巴托的天空正飄著微雲，友人告訴我，已經一個多月沒下雪了，但望眼過去，大地依舊是冰封雪覆。太冷了，任誰也沒有辦法改變上天所給予的蒙古啊。近幾年來，幾乎每年冬天都會回到蒙古。只是今年的冬天特別冷，但我卻感到特別的溫暖，因為我心中充滿著愛與感激。

早上接到家人從台北打來的電話：「爸爸已經安詳地走了。」離開台北的前一晚，還帶著妻小與父親共進晚餐，因糖尿病截肢多年的

▲蒙古的冬季，牧民在高山雪地移牧。

父親坐在輪椅上殷殷垂詢著，一切都如往常一樣；誰知不過短短不到一星期，竟是天人永訣。從遙遠的家中「快快回來吧！」傳來母親疲憊而期盼的聲音，我心中一陣悲愴，忍不住痛哭了。獨自佇立在窗邊，望著白雪覆蓋的故鄉大地，腦中一片空白。友人的安慰聲，漸漸地將我如雪花飄蕩的心緒喚回。陸陸續續地，友人們都趕到旅館來，大家商議著如何處理這突如其來的噩耗。有人幫忙去安排緊急簽證，有人去訂機位——從烏蘭巴托到北京的班機，最快也要後天才有，真叫人心急如焚。這時，好友蘇赫走到身邊問了父親的生辰，就趕到甘丹寺請喇嘛為父親誦經祈福超渡，約一個多小時後，蘇赫回來了，交給我經喇嘛祈福後能保佑父親的本尊佛像、哈達及香灰。蘇赫哽咽地說：「帶回去吧，這是我為伯父所能做的最後一件事了。」

自遠古以來，流傳在蒙古的一種習俗，當父親過世後，為人子者應到尊貴的博克多汗山（聖山）掘起一撮泥土，到孕育蒙古大地的土拉河（聖河）汲取聖水，安放在父親的靈旁，如此父親將永遠地依伴著蒙古故鄉的泥土、故鄉的水。

達西達瓦局長此時找來了一輛中型旅行車，為的是使大夥兒都能伴著一起去博克多汗山及土拉河。車子從旅館一路駛往城外，好靜，大家都沉默著不出聲，靜得讓人感到比車外零下二十度的氣溫還要冷。

「巴特，快到了！那邊就是博克多汗山了。」友人喚著我的蒙古名字，開始叮嚀著依照蒙古習俗應該注意的事項，我也專注地一一默記在心。車子過橋後，沿著土拉河一直駛到山邊。空曠的鄉間冷風吹得比城裡更要強些。

站在山腳下，仰望著白雪覆蓋的山景，「巴特，脫下手套，我陪你一起爬上去。」我與蘇赫手腳並用，像似蒙古傳說中的蒼狼，直往山上攀去。到了半山腰的一塊巨石旁，「巴特，就在這裡！」蘇赫站在一旁，口中念著經文，我跪在雪上，用那早已凍僵的雙手撥開厚厚的雪層，一邊撥著堅硬的泥土，一邊喃喃自語，輕聲地告訴父親：「爸爸，這是故鄉的泥土，這是故鄉的泥土，它會永遠地陪伴著您……」。眼淚汨汨地滴落在手中，那有著雪與草根的聖山泥土上。

土拉河已經結起一層厚厚的冰，友人們幫忙敲鑿開了冰層，此處正是由博克多汗山裡流到土拉河的匯流處。我依循蒙古傳統習俗，盛了一杯河水，先向天潑灑，再盛一杯灑向四周，最後盛起一杯灑向遠在台北的父親。這樣完成了敬天、敬地、敬父親的儀式。之後，自己再喝下一杯聖潔的土拉河水，友人們也依次地重複著同樣的儀式，和我一同祈福。接著又由我開始，每人都盛一杯水放進容器裡，最後由我拾起三顆土拉河中的石頭放入容器裡。

「巴特，這次太突然了，沒時間到成吉思汗出生地拾顆石頭回去，下次來再陪你去。」蘇赫又說：「今晚我會把從秋天就為你準備好的，冰凍的馬奶子送到旅館，帶回去祭拜吧！」原本秋天要來蒙古，卻為了一些無謂的雜事延宕至今，或許，這就是命中註定吧。

沿著土拉河邊，車子緩緩地駛向歸途，心想這次回蒙古真是冥冥之中上天的安排。長年在海外的大哥與姊姊們都從國外趕回台北，此刻正齊聚靈前；而極少離開父親的我，反倒獨自羈留在父親的故鄉，未能見到父親最後一面。但也因此能為客居異鄉的父親，帶回去蒙古故鄉的馬奶

▲作者眺望土拉河及博克多汗山。

子、故鄉的雪和草、故鄉的泥土和水，永伴在父親的靈旁，以慰父親四十多年來的鄉愁。

今年蒙古的冬天特別冷，但我卻感到特別溫暖，因為我心中充滿著愛與感激。

▲懷念我的父親、母親、杜固爾伯伯（左）。

鄉愁

用雙手捧起土拉河水一飲而盡
那像奶酒一樣的濃郁香醇
有醉酒的滋味是母乳的滋味
讓我裝滿整皮囊的土拉河水吧！

掀開那桶石頭燜羊肉
灼燙的石頭在手掌中翻滾
灼痛的是心中的慈顏
暖暖的熱羊汁化解了渴望

我輕柔的點燃一粒乾馬糞
風乾的白山花伴著滿室青煙
芳香的煙味兒是草原的味兒
讓那煙味兒伴我入眠吧！

我裹在羊襖袍子裡睡著
思鄉的淚水浸濕了羊襖袍子
羊毛捲曲的更捲了糾結的更緊了
梳不開理不清那千結萬結的鄉愁

狼痕

那是父親魂牽夢繫的家鄉
那是父親與我深夜談心的家鄉
草原是否在四季的輪迴中依舊
馬蹄飛揚草絮如茵
蒼狼子民呵護如親

賀蘭山的缺口掀起了狂潮
車輪輾破了慈顏　越陷越深
掏空的身軀殘破不堪
夜空下的氈帳佇立草原如風中燭火

薩滿的鼓聲早已遠離草原
敖包的石堆被水泥圍住了
狼的沙蓋變成了飾品
馬蹄的達達聲消失了

草原望不見盡頭　牧人在何處
狼在山巔以犀利眼神回望沒有旱獺的草原
從阿拉善吹來遊子吟唱的悲傷
故鄉的草原再也長不出對父親的思念

（二〇〇九年十一月三日讀人間副刊由陳黎、上田哲二譯的蜂飼耳詩〈是蒙古人種喲〉及譯後記，心裡泛起了「渴飲匈奴血、饑餐胡虜肉」，是誰升起的火，是誰在嚼著？而這篇〈狼痕〉，是蒙古人寫的喲。）

蒙古之子

友人在房中等我，陪我守靈，並述說著千百年來的傳說。是的，今夜是我的傳說。

友人轉述當蒙古總統聽到母親過世的消息時說，「兩年前，巴特的父親過世時，他在蒙古。今天母親過世，他亦在蒙古。這正應驗了蒙古古老的傳說……」

臨上飛機前，趕到醫院向母親辭行。兩年前父親過世後，母親身體一直不好。看著母親靜靜的躺在病床上，穿著她珍愛的蒙古駝絨背心，正在午睡。不忍叫醒母親，輕輕地撫摸母親額頭，理順一下灰白的髮絲，握了握母親的手，輕聲地告訴她，「媽，我要去蒙古，一週後回來陪您。」不知母親是否聽到了？她的面容仍是那麼安詳。

五月下旬，蒙古大地依舊枯黃一片。今年雪融後，一直尚未下雨，踏在枯黃草原上的牲畜，顯得無精打采。空氣中瀰漫著躁熱的感覺，帶著揮之不去的焦慮。來蒙古的第三天午後，突然下雨了，友人興奮地說，巴特，你把台灣的雨帶來，送給故鄉的大地了。街上行人都振奮起來，他們真的需要上蒼的眷顧。

整夜的雨，清晨氣溫驟降至零下。早晨離開旅店，我們一行感覺冷氣襲人，陽光似乎也失去了暖意。走著走著，忽然飄下雪，五月雪對台灣來的同行友人們，似乎興奮多於驚異。

蒙古的天氣，就像人生，變化無情，千百年來未曾改變，唯有堅強的面對它、接受它。誠如這次來蒙古之前，友人曾說，「巴特，你還沒有放棄對蒙古的熱情！」是的，對蒙古的執著永不改變，只因人生短暫，而蒙古卻是永存的。

近午時分，友人通知速與家人聯絡。

「媽媽已經走了！」

驀地，心中泛起一陣抽痛。臨行

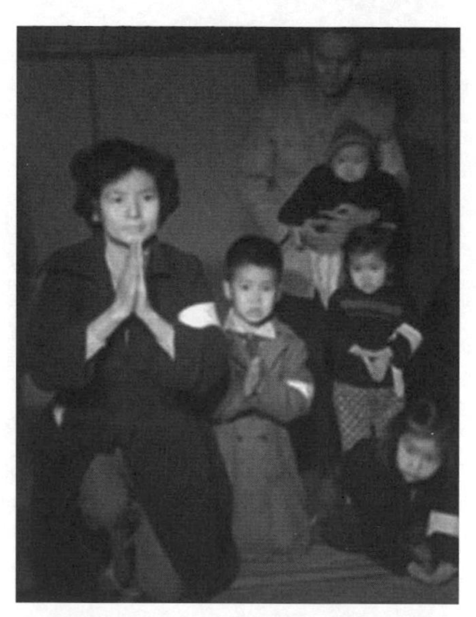

▲母親陳月紅、大哥海中天、大姊海霞、二姊海露、魯旦巴喇嘛抱著作者，1957年3月在青田街章嘉大師靈堂祭拜。

前的夜裡，家人曾語帶不滿地說，「媽媽病得這麼重，你不要去蒙古。」可是一年多來的苦心籌畫、協調折衝，好不容易終將成行，如何能夠臨陣放棄？然而面對噩耗，心在滴血，難道，我錯了嗎？

為什麼？兩年前因公來蒙古，父親過世而未及見到最後一面；今天母親過世，我竟又再次羈留蒙古，不能送終。無法再壓抑地痛哭了，跌坐在故鄉的旅店裡。重重地拭去淚水，告訴自己，忠孝本難兩全，這趟歷史之旅，本應承受無比的壓力與折磨，只不知道這痛楚竟是如此鉅大。然而，行程未盡，責任未了，獨自承受一切吧！為了蒙古。

午宴時，同事問我為何不吃？淒然一笑，自家承受吧。不要破壞了此次訪問的氣氛。只是隨後的參訪行程告假了，獨自一人急步走過蘇赫巴特廣場，望著這位蒙古國父騎在馬上、英姿勃勃的塑像，我祈求著，請賜予我力量吧！

回房後，即通知友人幫忙到廟裡請喇嘛為母親誦經祝禱。隨後友人陸續趕到旅店，帶來佛像，用堪布喇嘛送的藍色哈達佈置起靈堂，供上羊肩胛骨肉，用埃雅克（銀盅）盛滿了馬潼（馬奶）及鮮果。友人們依序地上香祭拜，接著，父親的故居，科布多埃馬克布爾根蘇木的長者，諄諄指引我如何依循蒙古禮俗，完成祭母的儀式。

「祖宗祭享之禮，割牲奠馬湩，以蒙古巫祝至辭，蓋國俗也。凡大祭祀，尤貴馬湩。奠牲盤、馬湩……灑於天際南櫺星門外，名曰抛撒茶飯。神案上所奠玉爵馬湩、東向跪進……，執爵，三祭馬湩，祭訖。」（《元史．祭祀志》）

朋友們請回吧。今日晚宴後再來吧。因為責任未了，我必須打起精神去安排這重要的最後一夜。

晚宴時，母親過世的消息悄悄傳遞在賓客之間，都是老友了，他們趨前輕聲致意，而我強忍著眼角的淚水，輕聲答謝。忍不住時則走到廳外，拭去淚水，燃起一支菸，猛吸幾口。晚宴後，接著是一連串的晤面，直到近午夜時分。

友人在房中等我，陪我守靈，並述說著千百年來的傳說。是的，今夜是我的傳說。我最尊敬的老友達西雲登轉述當蒙古總統聽到母親過世的消息時說，「兩年前，巴特的父親過世時，他在蒙古。今天母親過世，他亦在蒙古。這正應驗了蒙古的古老傳說。旅居異鄉的父親故世，受父母眷愛的幼子，牽引著父親的靈魂回到故鄉的大地。而這次亦是上天的安排，巴特又引領著母親的靈魂回到故鄉與父親團聚。巴特是真正的蒙古之子。」

聽後，回憶起兩年前我赴蒙古前亦與父親告別，七天後父親過世了。此次，離台前與母親告別，近一週後，母親過世了。這正是古老的傳說，魂遊返鄉七天而亡故。這不是巧合，這是上天的旨意。

東方漸白，「巴特，時辰到了！」我依循蒙古舊俗，向東捧起盛滿馬潼的埃雅克，先灑向天際——祭天，再捧起注滿馬潼的埃雅克灑向大地——祭地，又捧起注滿馬潼的埃雅克灑向遠在台北的母親——祭母，最後捧起盛滿馬潼的埃雅克，用右手的無名指沾起馬潼彈向天，再沾彈向地，最後輕點於額頭上。接著由我先喝一口，再由友人們輪流喝上一口，最後由我一飲而盡——友誼長存。故鄉的朋友們，永遠的感念，啊！蒙古。

清晨的大地，顯得那麼寂靜。步出旅店時，天上正飄著微雪。我們一行進入車後急駛向城外。這不正是二年前父親過世的情景，同樣的友人，同樣飄雪的清晨。到達博克多汗山下，我雙手攫起故鄉的泥土，容雜著將再萌生的草根，放進皮囊中。我走下土拉河，用埃雅克盛起故鄉的水，重複先前的馬潼祭儀，再將故鄉的水倒入瓶裡。最後拾起二粒故鄉的石頭帶回台北。

迎著晨曦，車又急駛回城內。「巴特，今天就要回台北了，希望下次能帶家人回來，我們一起祭拜你的父母，在蒙古團聚。」老友的聲音，使我的憂淒慢慢淡去，不再傷感，不再悲哀，心中泛起感恩的祈禱，感謝上天的恩賜，使我能盡到身為蒙古之子的責任。

蒙古
魂牽夢繫的故鄉
山川草原未曾改變
感謝您　故鄉的人
蒙古
父母魂歸故鄉團聚
謝謝您的眷顧
蒙古
我哭了
能為您做什麼

在蒙古的最後幾個小時，依舊是忙碌緊張，當完成這趟歷史之旅的最後一件任務時，急切的返家之情再也壓抑不住。母親還在等我啊！當飛機起飛後，我獨自到後面依窗而坐，望著故鄉大地，噙著淚水，懷著感恩的心。由蒙古返家，還必須在漢城過夜，未來三十小時的焦急是無奈的。堅強一點，讓此行劃下完美的句點吧。

▲達西雲登，蒙古人民革命黨最後一任中央總書記。

佛爺帶我回家

千里天山，當我們走到待甫僧的山峰上，天高地闊、無限舒展，夏立宛佛爺指著遠方說：一直到奎屯河，以前都是你們的牧場啊！

初秋，新疆最宜人的季節，過去多次來新疆，但都因公務行程匆忙而沒返回老家看親戚，這次終於抽出時間到位於新疆維吾爾自治區的烏蘇去看姑姑，她是我們家族在新疆唯一的親人，我們家族大多聚居在蒙古國的科布多地區。為什麼？這需要先說個小故事。

大蒙古帝國於一三六八年崩解後，蒙古高原上

▲夏立宛佛爺。

形成了以成吉思汗嫡系貴族統領的東部蒙古，而在新疆草原上，主要以擁有突厥血統的各部族，則組成了衛拉特（瓦剌）聯盟，也就是西部蒙古。從此，東西兩大集團陷入了草原帝國的爭霸衝突中。

十七世紀時，女真族努爾哈赤起兵大興安嶺，此後東部蒙古逐漸與新崛起的滿州勢力結合在一起，並藉聯姻來維持友好依附關係。當衛拉特聯盟的權力核心逐步集中到了準噶爾部之後，其對征服統一蒙古草原、重建蒙古帝國的野心反倒更趨強烈。一六七〇年以後，以準噶爾部噶爾丹為首的衛特拉聯盟，為了與滿清爭奪蒙古草原的控制權，歷經康、雍、乾三朝的戰鬥，直到一七五六年，乾隆大敗準噶爾，並對其進行了種族滅絕的大屠殺，從此準噶爾部消失了，衛拉特聯盟也走入了歷史。

更早之前，一六三〇年代，衛拉特聯盟中的土爾扈特部在和・鄂爾勒克領導下，舉族「西征」至伏爾加河草原建立自己的土爾扈特汗國。不過當時有一部分土爾扈特人留了下來，而後與準噶爾部併肩作戰對抗滿清。在一七五六年兵敗之後，當時土爾扈特的首領舍楞不甘臣服，還帶領部眾繼續與滿清周旋，期間還殺了伊犁都統唐喀祿，清廷以叛國、殺害大臣之罪通緝他，舍楞最後決定遠去伏爾加河的土爾扈特汗國尋找援兵。此時清廷不僅

「通令」俄國不得收容舍愣，乾隆還命理藩院致函俄國，請求將舍楞等捕獲後引渡回大清，但俄國皆未予理會。

依據托忒文《土爾扈特汗傳》記載，舍楞到了土爾扈特汗國後覲見了烏巴錫汗，他勸這位去國多年的族長：準噶爾人已經滅絕、伊犁已經空虛，趁此機會前去擊敗滿洲人，奪回故土吧！舍楞的建議，得到了汗國第二號實權人物策伯克多爾濟的大力支持，於是烏巴錫汗召集眾臣及重要喇嘛們開會，決定東返爭霸伊犁。

一七七一年初，土爾扈特人從伏爾加河草原出發，經歷了八個多月的艱辛旅程（請參看〈歷史上最悲慘的遷徒〉一文）後到達新疆伊犁，那英雄上馬時的十六餘萬族人，只剩下筋疲力竭、一無所有的六萬多人，爭霸夢碎，只能以「東歸」名義進入中土。

▲作者站在清代科布多參贊大臣衙署城牆遺址上。

這一批「不速之客」當然有令清廷疑懼不安，因為其中有因叛國、殺害大臣而被通緝的舍楞。因此乾隆雖然表面大方賞賜、懷柔示好，卻又決定將舍楞一支單獨安排至阿爾泰山東麓的科布多地區（現屬蒙古國）定居遊牧，由科布多參贊大臣看守，並由烏里雅蘇台將軍監管。其他土爾扈特人則全部分散遊牧於天山南北各地，從此土爾扈特部被分而治之，如此也就在北亞草原的爭霸歷史中，由燦爛歸於平靜了。

佛爺開車帶我回家看姑姑

去新疆前打了電話給夏立宛佛爺，約好時間去看他。佛爺問：還想去哪兒走走？我回說：從沒見過姑姑，這次還想去烏蘇看她老人家。佛爺說：我認識你姑姑，剛好那時也有事要去待甫僧（新疆著名景區，距離烏蘇市約五十公里），我帶你回去。

因為佛爺這句話，我到了烏魯木齊就馬不停蹄的，花了三天時間把所有事情辦完，等著佛爺帶我回家。那一晚整夜在期待中，睡的時候夢很多。

清晨六點多，我與友人朝克老師已在旅店大門口等候了，外面空蕩蕩的，當一輛休旅車駛到門前，我嚇了一大跳，居然是佛爺親自開車來，另外還有一位也是大學教授，如此也就四個人湊上一輛車同行了。

我們先到一家哈薩克餐廳吃早餐，因為比較合蒙古人的胃口，先來一大壺熱奶茶，接著上烤肉饢、熱包子、手扒肉、熱羊湯，當然還有無限量供應的烤饢再配上一大碗鮮牛油抹著吃。在新疆享受美味豐富的大早餐要比內蒙古「文明」一點，因為內蒙古的大早餐通常會加上濃醇的白酒，也就變成了「硬」早餐了，早餐就開始喝酒，我們台灣人是不習慣的。飽餐後就上高速直奔三百公里外的烏蘇市。

離開烏魯木齊不久就到了昌吉回族自治州，其中我父親的老家吉木薩爾縣因發現頁岩油而有了天翻地覆的大建設。佛爺說：你的祖父年輕時曾在此地擔任過「梅林」（蒙族的官職名，為總兵、軍事首長）。朝克老師也回應著：是啊，上次我們陪巴特（作者的蒙古名字，意為「英雄」）回來過，當時還有兩位研究生，因撰寫論文的題材有關巴特的祖父及父親，所以同行做紀錄。巴特他們老家的村子可謂是「田園已蕪」，喇嘛廟也已傾圮，就連小學也沒了，就是幾戶殘留的老牧民守著那只剩最後一口氣的草原了。

車駛過了石河子市，路兩旁就出現驚人而壯觀的景象，一大片接著更大一片，全曬著紅紅的辣椒，綿延不斷，新疆豐收辣椒的場面太霸氣了，真不愧為新疆兩大「紅產業」

——紅辣椒和紅番茄。目前新疆已是全世界第一大番茄醬出口區；而紅辣椒則拜天然的辣皮子曬場——戈壁灘——之賜，優質的辣椒紅色素更是美、日、韓的搶手貨。

佛爺對這條路可是駕輕就熟，除了在中間休息暫停一下，不到四小時就到了烏蘇市，從下高速、穿市區、走小巷，不一會兒就到了一個居民小區前，佛爺指著前方站在路邊的三位女士說：左邊的那位就是你的姑姑。

我的姑姑，是我父親同父異母的妹妹，因祖母過世，祖父續弦後生的女兒。一九四九年，父親離開新疆避居台灣，爾後在那三十年的動盪年代中，孤女寡母一直讓父親長年牽掛心頭。等到大陸改革開放，大哥回新疆探親後，才稍解了父親的思親鄉愁。但因身體因素，父親終究未能再踏上朝思暮想的故鄉草原，也未能實現再見妹妹一面的心願。如此心願也就變成了遺願，就讓兒子來完成吧。

當車停下，我下車走過去，姑姑迎上來牽住我的手說：「等你好久了啊！終於回來了！」一邊說一邊拉著我往家裡去，進入小區往裡走，當我們上樓梯到二、三樓之間時，突然樓下門外有人高喊：「夏立宛佛爺在這裡耶！」我的姑姑一聽此言，立刻甩開我的手，就往樓下跑去，怎麼手腳突然變得這樣輕快敏捷！我愣在那裡哭笑不得，佛爺您的威力也太大了吧！我也趕快跟著下樓，只見一大群人圍著車子向佛爺問好，我姑姑還一直向佛爺道歉：「不知道您也來了，沒有迎接您真是抱歉。」接著迎佛爺下車後，姑姑扶著佛爺的手一起上樓，我跟在後面像個局外人，感覺蠻爆笑的。父親的思親鄉愁就在佛緣福澤之間，如檀香裊裊化於眾人的虔敬中，沒有出現那種相擁喜極而泣的場景，也是一種愉悅吧。

進屋後，客廳桌上擺了二大盤堆得高高的洋蔥牛肉包子，這是我們家最受歡迎的美食，當然還有新疆最新鮮的、切好的各種瓜果。大家把佛爺請到大位坐下，然後坐在地毯上圍著他話家常，我就靜靜地坐在旁邊品

▲作者與姑姑（左三）、「哈薩克姑姑」（右三）及親友合影。

嚐那想了很久的家鄉味兒。雖然時不時有人想起了我就聊兩句，而我心中好奇的是，宗教力量在蒙古人生活中居然是如此明顯的驚人。

不一會兒，有人嚷著說，餐廳通知午餐準備好了請我們過去，大夥又攙扶著佛爺下樓去了，我也就隨著下樓上車一起去了。午餐開始前，佛爺表示要先講兩句話。

「我很懷念小時候曾跟著你的父親東跑西玩過，家鄉的人，特別是我們這些老一輩的人，聊起你父親都很懷念，我們一直都盼不到他回來，我們也都很關心你們兄弟倆的事情，一九九七年我去台灣見到你們兄弟倆心情非常高興，多年來你姑姑盼不到她的哥哥回來，但能等到姪子回家，也算是了了一件心事啊！」

接著姑姑就介紹桌上的老鄉親們，因為表弟妹們都在工作，今晚大夥都會去天山的待甫僧（蒙語意為「水草豐美的平台」）再聚。其中有一位哈薩克女子在座，之前也是她陪姑姑在大門外等我的，心中一直好奇她是誰？原來當年二奶奶因祖父已過世，我的父親也去了台灣，就帶著姑姑避亂到牧區後，改嫁一位哈薩克人，生下了這位「遠房姑姑」，所以我也有了突厥裔的親戚了，草原人的生活本就是多采多姿的。

返鄉餐聚就在感謝佛爺帶遊子回家聲中，讓我們的團聚圓滿喜樂；而我的歸來能讓姑姑喜逢佛爺，這也是我這異鄉姪子能帶給她的最佳禮物了吧。

佛爺帶我去天山的待甫僧

傍晚在待甫僧，聽佛爺聊著草原的故事，漫步在山間小徑上，這兒的風景真不愧為「一覽眾山小」。當我們走到山峰上，天高地闊、無限舒展，佛爺指著遠方說：「一直到奎屯河，以前都是你們的牧場啊！」

千百年來，多少英雄豪傑在此金戈鐵馬、征伐交融，千古風流都醉倒在天山待甫僧腳下。山川依舊、故人不在。我終於能了解到父親晚年那越來越濃的思親鄉愁

▲由待甫僧眺望，「一直到奎屯河，以前都是你們的牧場啊！」。

了。

當晚先與佛爺、教授，我們三人共享一隻煮全羊，配了幾碟山上野菜，邊吃邊聊，不一會兒佛爺說：「你的親戚來了，把這盤全羊端過去，你們一起吃吧。」真的謝謝佛爺想的周到啊！

同輩親人相聚，雖然被新疆人最酷愛的「奪命大烏蘇」啤酒征服了，那是用天山的泉水釀製的、酒精含量較高，是新疆人生活中不可或缺的一部分。在親情的交談中，了解到他們都很滿意現在的生活，於是我心中卸下了父親多年來對他們的掛念，頗有如釋重擔的愉悅心情。

第二天清晨，山上林間晨霧瀰漫清香

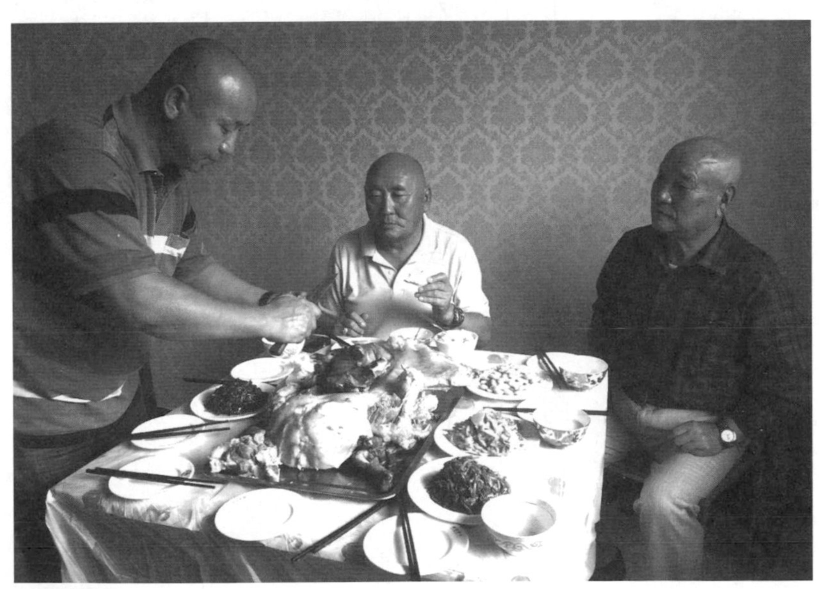

▲感謝夏立宛佛爺的全羊大餐。

醉人，獨自閒晃享受一個人擁有如此奢侈的寧靜。站在山峰上，再俯視那令父親思念的遼闊草原，突然心中有感地唱起了年少時的民歌〈歸去來兮〉。

早餐，居然是用山上各種野生菌菇熬煮的一鍋鮮美的湯麵，鮮香撲鼻、舌尖溫潤、滿口濃韻滑溜的菌絲菇片順著麵條入口，讓全身充滿了靈氣般的精神，頗有大漠西域中千年靈芝的神力，所以滿桌的其他菜餚一概視而不見了。餐後親友們下山回烏蘇去了，留下我與佛爺繼續下一個行程。

待甫僧有一座佛爺的寺廟，今天佛爺將在那舉行法會講經說法開示，各方來的信徒早已擠滿寺內外，很多人在門口等候著，當我們到達廟門時，信徒一擁而上向佛爺獻哈達，隨著簇擁進入到佛殿裡，這時法號響起傳徹山區，我站在廟埕的斜坡上，看著非常多的人，大部分是徒步走來的，也有從四面八方草地上騎馬而來的，當然也有開車的、騎摩托車的，源源不絕朝著廟方前來。

在佛殿內的禮佛儀式結束後，佛爺站在殿前對信徒開示，廟牆內的草地上坐的滿滿地，牆外的山坡草地上也是很多人，大家都靜靜地專注聆聽，佛爺的開示是支撐他們生活穩定的重要力量。此時信徒也會提出各種問題請佛爺解惑，在這一來一往的互動之中，深深地感受到蒙古人的虔誠與善良。

當我們車子緩緩駛下山時，沿路還是有很多的信徒向佛爺招手呼喊，佛爺搖下窗子停車，向他們問好並用手拂慰額頭賜福庇佑，信徒們趕緊獻上哈達、供養金、自製的乾酪奶疙瘩，一股腦地往車裡塞在佛爺的身上，站在後面一點的人更是直接投入車裡，我們坐在旁邊的人也快手快腳幫忙收起來放在後座，就如此邊走邊停。還有人在遠處就將車停在路邊，謙敬的佇立等候，在獻禮時還說明晚來的歉意，信徒手捧哈達，上面放了注滿鮮奶的銀碗，佛爺口念咒語，用右手的無名指沾上鮮奶抹在信徒的額頭給予賜福，接著信徒將鮮奶灑祭在草原之上，隨後就用哈達包住銀碗獻給佛爺。另外還有很多信徒在路旁坡地上騎著馬一路護送佛爺下山。車子在顛簸的土路上行駛，而我心中的感動起伏更是巨大，久久不能靜下來，這是什麼樣的魔力啊！

緣寂．緣迴

當車回程到了烏蘇時，因為佛爺要走另外一條路回他在和布克賽爾的敖包特廟，就問我想一起去嗎？我回答：這次沒時間了，下次再去看佛爺吧！這時在路邊等我的親友們，紛紛上前懇求佛爺留下來，佛爺說：「回去的路還很遠，要趕在天黑前回到，有緣的話，下次我再帶巴特回家來與你們相聚。」

二年後的一個清晨，還沒來得及去佛爺的寺廟看望他老人家，卻接到友人來電告知佛爺圓寂了。「有緣的話」，佛爺，您雖然無法再一次帶我回家，但我一定會再回家來看您啊！更希望能在您轉世的輪迴之中再相見。

走在薩彥嶺的雪地上

薩彥嶺，這是我夢裡最遙遠的地方。

楔子

二〇〇六年二月，筆者應圖瓦共和國副總理布魯克德邀請訪問圖瓦，亞洲的中心，地球上離海洋最遠的地方。

由台北經河內到莫斯科，第三天抵達西伯利亞的哈卡斯共和國首府阿巴坎市，清晨零下二十多度，城裡空盪盪的，友人特別將車繞經李陵故居，頓時想到蘇武的北海生活，李陵留

▲在薩彥嶺上的歡迎儀式。

下來，留下千古的哀愁；蘇武回家了，卻也成就了千古的傳唱。離開李陵故居直上薩彥嶺，當我佇立在薩彥嶺的雪地上，極目望去，這片參天巨木突出雪覆的大地，自斯基泰、希臘、秦漢、匈奴交流以來，多少民族東來西往、征伐交融，王朝更迭中，千古風流飄灑在薩彥嶺的雪地上，足跡宛然，迄今猶存。

離開阿巴坎市之後，車行駛在翻越薩彥嶺的公路上，越往上行雪下的越大，過了半山腰以後，道路兩旁的冰牆越堆越高，像是在兩座厚重高聳的冰砌的城牆之間奔駛，那壯闊的氣勢令人讚嘆。當車駛達越嶺道路最高點的空曠處時停了下來，當我下車走在薩彥嶺的雪地上，一個不小心跌坐在雪地上，眾人尖聲叫喊：不

▲蘇武牧羊的北海，冬季冰封的貝加爾湖。

要動！快步跑過來將我往後拉退兩步再扶起。提醒說：雪覆蓋在路邊的草上，不知下面是否鬆軟滑動，一不小心牽動整片雪往下崩落，那時神仙也難救啊！不知是太冷了還是過度驚嚇到，整個人杵在那裡雙腳很難移動。佇立於天地之間的薩彥嶺的山巔之上，被如此磅薄的大山、大雪、大樹而感動著，漸漸的回過神來了，向他們道謝後就繼續往下的行程了。

當到達圖瓦的邊境時，氣溫零下三十多度，在路邊的雪地上，有迎賓女士穿著傳統光彩服飾，對映在雪白大地上，特別亮眼驚豔。一位穿著俄羅斯服飾、手捧圓形黑麥麵包及一碟細鹽巴，我趨前用手先撕下一小塊麵包，再沾上少許鹽巴放入口中嚼著；另一位穿著圖瓦服飾、捧著白色哈達及一碗鮮奶，我接過碗喝下鮮奶然後將哈達掛在頸上，我以感謝的心情接受他們傳統的歡迎儀式。實在太冷了，簡單寒暄後就鑽進車內，開始了由薩彥嶺經杜蘭鎮去克孜勒的歷史之路——北絲路駝馬道。

兩千七百年以前，薩彥嶺地區是東西方文明交流的重要通衢，也就是從匈奴之前的商周時期開始。從近代蒙古高原考古發現有很多的古希臘以及古埃及的文物。北絲路歷史朝聖之旅的中心之地，杜蘭鎮的帝王谷，代表草原遊牧文化的斯基泰文明的發祥地，其中最重要的便是阿爾贊二號王陵。

薩彥嶺，這是我夢裡最遙遠的地方。

一切都起因於初次見到古埃及法老王圖坦卡門的那把折疊椅子。當法老王坐在折疊椅上欣賞尼羅河風景時，為何兩千年後，中國人才坐到椅子上，當趙武靈王都已胡服騎射了，為何胡床（可以摺疊的輕便椅子）到漢朝時期才傳入？這就是令我想一窺遊牧民族在文化交流時為何遺忘了椅子這件事！

老牧民指著草原說：自古以來，遊牧人都喜歡席地而坐，椅子對他們而言可說是累贅，所以遊牧人就忘了把椅子帶來東方吧？

接下來還是了解一下圖瓦吧！

圖瓦位於南西伯利亞葉尼塞河上游，其範圍是薩彥嶺和唐努山之間約十七萬平方公里的廣闊地區。圖瓦因位居由大興安嶺向西延伸至多瑙河流域的中緯度歐亞草原（約北緯四十至六十度，東西約長八千公里，南北約闊一千公里）的要衝位置，故也曾是東西文化交流中的重要一環。

斯基泰人（塞西亞人）——西伯利亞的黃金主人

迥異於目前活躍於此的東方民族，最早在圖瓦地區留下璀璨文明的，其實是一群屬於伊朗族裔的塞西亞人。希臘人稱塞西亞人為「斯基泰人」（Skythai），即射手。他們原本是一群生活在中亞地區，逐水草而居、桀驁剽悍的遊牧騎兵。希臘史學家希羅多德曾以「兇殘而嗜血的武士」、「以頭為飲」來形容斯基泰人，各希臘城邦則爭相聘請斯基泰弓騎手當其雇傭兵以加強戰鬥力。正是斯基泰的弓騎手，開啟了中緯度草原遊牧民族南下侵略西方農業文明之始。

二〇〇一年夏天，由德、俄考古學家組成的考古隊，在圖瓦的杜蘭鎮郊帝王谷，發現了震撼全球考古界的璀璨文明——阿爾贊二號王陵，這座王陵是斯基泰人巔峰文明的代表，其豪華被譽為絕不亞於古埃及法老王的寶藏。早在一九七一年，俄羅斯考古學家已在帝王谷發掘了「阿爾贊一號王陵」，其建造年代約為西元前九世紀末或八世紀初，但位於中心的君王槨室已被洗劫一空。此次二號王陵的挖掘，考古學家發現其與一號王陵不同，是屬於為防盜墓而設計的偏心型空心墓，他們刻意將首領的槨室藏到了一邊。考古隊的領導朱古諾夫提出心中疑問：「如果你接受『假墓』的說法，就表明斯基泰人在建造這座積石塚時，並不確定未來如何，也不知道能否保護自己的君王，可能當時已有其他勢力在威脅著他們。那會是誰呢？」

「是誰呢？」答案或許藏在遙遠的中國文獻中：西元前九世紀以前，斯基泰人主要分佈於阿爾泰山以東，直至西元前八二三年，周宣王戊寅五年，尹吉甫征伐獫狁（即秦漢時的匈奴），後者壓迫斯基泰人西走南俄，接著匈奴統治了該地區，並開創了北絲路駝馬道，建立起東西文明交流的輝煌時代，位於北絲路必經之地的「圖瓦」從此躍上歷史的舞台。斯基泰文明是歷史學家在探討歐亞草原遊牧文化的起源及傳播的重要理論基礎，特別是「斯基泰三要素」——武器、馬具與動物紋飾藝術。對於曾同居於這塊土地上的異族勇士，圖瓦人也與有榮焉，迄今他們

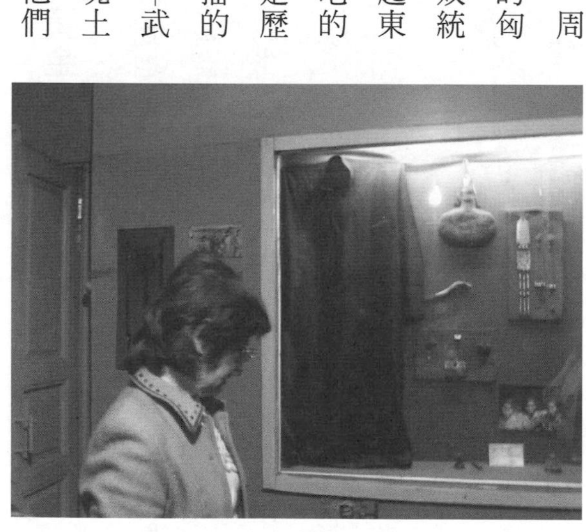

▲杜蘭鎮阿爾贊 2 號王陵博物館。

的馬具、日常用品及飾品上，仍處處可見斯基泰黃金葬品中的各類動物圖騰。

我在杜蘭鎮上參觀了阿爾贊二號王陵博物館，館中完整保存了當年挖掘的過程紀錄，還有一位當年考古隊的女隊員留下來護衛著出土文物，並繼續對斯基泰文明做深入的研究。

二〇〇八年，在圖瓦首府克孜勒的圖瓦國家博物館新建落成啟用，除了原有豐富的館藏外，特別將暫存於聖彼得堡博物館的阿爾贊二號王陵出土文物全數遷回圖瓦永久展出。

薩彥嶺的過客：斯基泰、匈奴、鮮卑、突厥、回紇、黠戛斯、蒙古

薩彥嶺周邊的人類遺跡悠久而多彩，在山洞裏有萬年前史前人類所繪的壁畫，以及西元前九到七世紀，在斯基泰王陵中發現以黃金藝術表現出的璀璨文明，還有刻在懸崖和石碑上的象形文字。這些都在敘述薩彥嶺祥和的遊牧生活及感動人心的戀人情畫。

今天所謂的圖瓦人，則是生活在歐亞草原上的眾多遊獵部族之一，從族名來看，「圖瓦」只是現代的一種漢譯，在不同的時代、不同的地區，都各有其他語音相似的稱呼。圖瓦人在歷史上從未出現自己建立的王朝，基本上皆為統治蒙古草原的政權所管轄。

圖瓦的先民實際上早在隋朝以前就在此生活，從獫狁以降至秦漢時期，此處均為大匈

奴汗國的勢力範圍。到西元六世紀後的隋唐時期，突厥興盛，圖瓦又隸屬突厥汗國轄下，因其原本就是鐵勒（突厥先祖）的一部，故也頗怡然自得，迄今圖瓦語仍保留許多古代突厥語的特點。

一二〇六年，成吉思汗統一蒙古草原，次年即遣其長子朮赤領兵北征「林中百姓」，為的就是奪取北亞草原最優良的薩彥嶺戰馬，也由此開始了蒙古的西征狂潮。從此圖瓦地區歸屬蒙古大可汗直轄，圖瓦陷入了蒙古族的長期統治中。

蒙古、俄羅斯、中國的圖瓦情結

俄羅斯首度接觸圖瓦是在一六一六年十月，俄羅斯派出由瓦希利（T. Vasilyi）率領的使團，從塔斯科戈經哈卡斯翻過薩彥嶺到達圖瓦（這也就是筆者走的路線），在赫姆奇克拜會阿勒坦汗。緊接著十月二十六日阿勒坦汗亦派遣使者隨瓦利希返回莫斯科，從此開啟了圖瓦與俄羅斯之間的特殊夥伴關係。

至一六五五年，滿清政權則是藉由統治蒙古而連帶取得了對圖瓦的控制，然而滿清對圖瓦又是以何種態度對之？從雍正皇帝的上諭可窺知：「爾烏梁海（圖瓦）人等世居樹內，以打牲為生，誰強則被誰據，遂納貢賦。」這正是圖瓦自古以來就依附在強權之下的宿命寫照，亦足證明雍正非常了解圖瓦的歷史。

一八八三年到一八八五年圖瓦爆發了反對蒙古的「六十戰士」（Aldan-Maadyr）起義事件，目前圖瓦首都克孜勒有以「Aldan-Maadyr」為名的博物館以茲紀念，由此可見當時圖瓦人對蒙古統治者的不滿情緒。

一九一一年滿清王朝崩潰，外蒙古旋即宣佈獨立，但在蒙古統治下的圖瓦當時人口只有五萬五千人，在客觀條件上，圖瓦不可能獨立建國，亦沒有建國的意識。當圖瓦人無法忍受喀爾喀蒙古（東部蒙古）的統治時，以往會尋求衛拉特蒙古（西部蒙古）的保護，此時則轉而向更強大的俄羅斯皇帝，請求將他們的領土併入俄羅斯，成為一個保護國。此一請求於一九一四年四月獲得

▲戴著鷹帽遮住雙眼的獵鷹雄糾氣昂，銳利的鷹爪攫住獵人高舉的手臂蓄勢待發，那是鷹與狼的圖瓦情仇。突厥民族傳統的獵鷹。

了沙皇尼古拉二世的批准。

一九二〇年六月，蒙古軍隊撤離圖瓦。次年，圖瓦人在俄羅斯紅軍協助下，擊敗了盤踞此地的白俄勢力，並將中國軍隊逐出境外。一九二一年八月十四日，圖瓦議會宣佈建立唐努——圖瓦共和國，最終於一九四四年八月，改名為「圖瓦蘇維埃社會主義自治共和國」，至此，薩彥嶺與唐努烏梁海正式成為蘇聯領土。

值得一提的是，圖瓦共和國的第一任總理唐杜·庫拉（Donduk Kuular）將喇嘛教（藏傳佛教）訂為國教，限制俄國移民並與蒙古保持聯繫，此舉令俄國又驚又怒，終致一九二九年遭蘇聯政府逮捕並於一九三二年處死。為剷除蒙古遺緒，一九三〇年，圖瓦語不再使用蒙文拼音，改採亞歷山大·帕爾姆巴茨（Alexander Palmbach）所創的圖瓦文字。

圖瓦人的突厥文化與民族認同

「一個人忘記他的過去，下輩子將變成一頭藍色的無角牛」——圖瓦諺語。

西元七世紀之後突厥汗國衰亡，北亞草原的各個民族都獨立出來，一些部落由於戰爭等原因，陸陸續續向南、向西遷徙，進入今天的中國新疆南部以及中亞等地區，而這些地區的土著居民有一大部分是屬於高加索人種的塞西亞人（斯基泰人），他們和塞人通婚混血後，外貌與體質發生變化，呈現出高鼻深目的一些特點，甚且逐漸放棄了薩滿巫術信仰，改信伊斯蘭教，生活習俗也進一步伊斯蘭化，逐步演化成一些看似和圖瓦人全無血緣關係的現代民族，比如說維吾爾、哈薩克等等。

當我在北亞與中亞考察旅行時，發現一些有趣的習性，也可說是圖瓦人與哈薩克人系出同源的證據。在他們與蒙古人混居的地區中，圖瓦學生較易與哈薩克學生交流，因為他們很快就學會哈薩克語，但要學習蒙古語卻有些困難，這也證明了圖、哈的語言皆源自古突厥語，兩者都保留一些類似的語法和字彙。另外，在觀察圖瓦人與中亞五國突厥民族（哈薩克、吉爾吉斯、土庫曼、塔吉克、烏茲別克）的審美觀中，發現他們都喜愛戴金製飾品及鑲金牙，這與蒙古人喜愛銀首飾是截然不同的。

圖瓦人雖長期生活在蒙古文化圈的影響下，卻仍大量保留了自己的人種特徵及特有的語言（圖瓦語）、文化（如養鹿）、音樂（如最繁複的喉音技法）及薩滿（原始巫術）信仰等。相較與其他早已伊斯蘭化或蒙古化的泛突厥兄弟們，圖瓦無疑仍擁有最純正古老的突厥內涵。但還是有一個特別現象，在我拜訪圖瓦人時，特別是牧民家裡，都掛有成吉思汗的畫像，我很好奇地問為什麼要敬拜征服者？「他是戰神，會保護我們，」這也顯露出兩者之間難以割捨的民族糾葛情結。

▲薩彥嶺的牧民家。

▲圖瓦牧民家中掛著獻上白色哈達的成吉思汗像。

二〇〇六年二月八日傍晚時，終於到達離我祖先最近的地方，克孜勒。布魯克德副總理安排住進接待外賓的政府賓館，因為當時克孜勒沒有可以接待外賓的好飯店。而這個賓館是當年為了接待蘇聯的總書記布里茲涅夫而建的，他的居所是在二樓的後半層，進門是一間精緻小客廳，左邊是一間寬敞有手工精雕家具的接待室，右邊是傳統俄羅斯與圖瓦特色混搭佈置的豪華行宮，所有的家具擺飾皆原樣保存。

當晚的歡迎宴就設在賓館，席間我問布魯克德：「我是第一位到訪圖瓦的台灣人嗎？」「不，之前有買香精的台灣商人來過！」台商真是無遠弗屆啊！原來圖瓦是沙皇家族御用香精的產地，以前是不對外開放的保護區。

晚宴後，偌大的賓館只有我一位外賓，當我躺在豪華行宮那張有厚重歷史的大大的床上，心中的震撼使得整夜半夢半醒，一場場歷史大戲交錯眼前，讓我渡過了史詩般的一夜。

在筆者訪問圖瓦期間，觀察到一些有趣的現象。在首府克孜勒的第一個正式行程是拜會圖瓦科學院，座談會的第一個問題竟是：「聽說我們現在還是貴國中華民國的國民？」如此刻意安排的尖銳提問讓我有點詫異，只能微笑地回答：「這不應該是由我這個蒙古人回答的問題吧。」頓時會場笑聲揚起而氣氛也輕鬆了。

另外在拜訪老友安德魯·歐札克（Andrean Oorjak，圖瓦總統的兒子）時，他送我一件傳統長袍，當地翻譯說：「這是一件蒙古長袍。」安德魯聞言立刻糾正：「噢，這不是蒙古長袍，是圖瓦的傳統長袍。」

如此立即而強烈的反應，讓我更深刻體會到兩個民族間的隔閡戒心。儘管兩種袍子無論樣式或圖騰都幾無二致，但圖瓦袍不是蒙古袍，相似卻各自擁有、互不隸屬，而這種堅持，基本上即是因民族認同的衝突而引發的文化本位主義。

▲拜訪老友安德魯·歐札克（Andrean Oorjak，圖瓦總統的兒子）時，他送我一件傳統長袍。

薩彥嶺的驕傲——薩滿、呼麥

在參觀圖瓦博物館時，特別安排了觀賞薩滿的祈福儀式。圖瓦保存了北亞草原最豐富多采多姿的薩滿文化，因為圖瓦人的日常生活都與薩滿連結在一起，是最鮮活而真實的存在其文化中，人們也透過薩滿，用呼麥（一種喉音唱法，可以同時發出二個以上的聲音）方式與靈界溝通。在祈福儀式的過程中，當薩滿巫師胸前的鷹爪隨著鼓聲而旋轉跳動，五彩的布飾幻化成彩虹般的光芒，我心神貫注而隨之起伏。

薩彥嶺是呼麥的原鄉，牧民更是藉由呼麥這種特殊的歌唱方式，將人與大自然和靈界結合為一體。呼麥是模仿冷冽的冬風吹過雪地的奇岩大樹捲起雪花的咆嘯，模仿動物的嘶吼、特別是駱駝低沉的哀鳴，還有春天來臨和煦的微風吹過林梢拂過草尖的蟲鳴鳥叫聲。然而呼麥最為迷惑人心的，是一位歌者同時可唱出兩個甚至多個不同旋律的歌聲，而其音域的高低範圍為驚人的五十至四千兩百赫茲，是西方聲樂無法比擬的。

孔嘎洛．翁達爾（Kongar-ool Ondar）是圖瓦國寶級、也是世界最知名的呼麥演唱者，更是二〇〇〇年獲得提名奧斯卡最佳紀錄片「成吉斯藍調」的主角。

▲布魯克德副總理安排去拜訪孔嘎洛，並觀賞呼麥樂團演出。

布魯克德副總理特別安排去拜訪孔嘎洛，並觀賞他培養最年輕的少年呼麥樂團演出。當聆聽呼麥發祥地幼童清靈的原聲演唱，因時空的氛圍更強化了震撼力量，牽引著我無法自制地抖動雙肩、擺動雙手，身體緩慢地隨著音樂而旋轉，完全溶入在鷲鷹的招喚之中，極其享受著美妙的時刻。當腳步隨著樂聲停下來，在眾人尖叫歡呼中，我感動地立刻邀請他們來台演出分享給台灣人民。

二〇〇六年暑假，孔嘎洛不僅率領少年樂團，還安排了最負盛名、屬於他自己的阿拉什（Alash）樂團一同來台，先參加了宜蘭童玩節，隨後進行了全台巡演。公共電視台還特別將他們在國父紀念館的演出製作錄影播出，這真是一場非常令人回味的饗宴。

走在薩彥嶺的雪地上——詩

一個人忘記他的過去，下輩子會變成一頭藍色的無角牛

1.圖瓦人

圖瓦人騎在大角麋鹿上
用神秘的古老語言傳述著民族神話
用靈界的呼麥吟唱出天地人之間的情感
薩滿的鼓聲依舊迴盪在參天巨木之間
圖瓦人依然自由自在地
走在薩彥嶺的雪地上

2. 狼跡

酷寒的西伯利亞透露出空盪盪的蒼涼
踏著二千七百年前北絲路的古道
雪地上的狼跡牽引著遊子回家
在滿天飛舞白毛的唐努烏梁海
巨大松幹突出雪覆的大地
戴著眼罩的獵鷹雄糾氣昂
銳利的鷹爪攫住獵人高舉的手臂蓄勢待發
那是鷹與狼的圖瓦情仇
自斯基泰、希臘、秦漢、匈奴征戰以來
多少民族東來西往
千古風流飄灑在薩彥嶺的雪地上
狼跡宛然　迄今猶存

3.套馬桿

思念總在遙遠的地方醞釀著
午夜夢醒總是佇立在分手的敖包前
草原的香甜在雪融後隨著千溪萬水流向心口
那是父親生前述說的故鄉
長草的地方就長草吧！
不要種麥子
長樹的地方就長樹吧！
不要砍了蓋房子
雪原的故鄉是祖靈生息的母體
是旱獺的暖被子
馬蹄的達達聲撫慰著大地
馬頭琴述說著草原的傳奇

馬鞍子再也載不動父親對薩彥嶺的思念
老頭兒盤坐在氈帳前抽著旱煙桿
一口煙一口氣 我的套馬桿呢？

獵狼

狼在奔跑衝到山巔的霎那間，不會一躍而過，而是戛然止步，立於山巔之上，昂首以犀利眼神回望，鄙視追逐的獵人，展現狂野自由的傲氣。

冬季的第一場雪，喚醒蒙古男人的狂野本性，獵狼的季節到了！

「今天下了一場大雪，是獵狼的好時機，帶朋友來吧！」高陶甫會長興奮的邀約，多年來同學朋友的等待終於要實現了。

抵達烏蘭巴托機場時，氣溫約零下二十度，事前大家都自認為帶足了禦寒裝備，當下飛機拎著行李從停機坪走去機場大廈，那尖銳的刺骨寒風，讓來自亞熱帶台灣的旅人各個佝僂著身體裹在外套裡，像逃難似的奔向大廈，北風蕭蕭難忘的初體驗。

清晨，高陶甫會長貼心的為大家準備了有護耳的毛皮帽子、喀什米爾圍巾手套襪子，當然還有帶毛的羊皮大襖子，換裝後大夥直喊終於暖和了。我們一行五人加上蒙古友人分乘五輛越野車，直奔此次獵狼目的地——圖兀埃馬克大草原。

出城後蒙古大草原已變身白茫茫的雪原了，無止境的雪原與天上的白雲連在一塊，驀然想起林則徐形容大海遼闊的景象：海到盡頭天為岸。

此行第一站是拜訪高陶甫會長在牧區的老家，他的弟弟歐德蘇倫還守著家園過著遊牧生活，也是此次狩獵的嚮導，因為一般老牧民都是經驗豐富的獵人。沒有他帶路我們連方向都迷惑無緒，更別說找野獸了，可能連隻在灌木叢裡的雉雞或野兔子都見不著。大夥預計在傍晚日落前趕到高會長的老家。

大雪過後的山上是寂靜的，樹上的葉子都掉落了，枝幹上覆著一層白雪，黑白相間層層疊疊，直聳矗立在白雪覆蓋露出峥嶸的黑岩石之間，野生動物都下山到平原覓食。沿途見到一群又一群的野黃羊，偶爾也看見野驢家族在奔跑。此時高會長的車領頭衝向野黃羊群，展開了一場追獵，霎時各車都尋找各自追獵的野黃羊群，在衝散羊群之時鎖定個頭肥胖的大公羊。當大家都在瘋狂追逐時，突然同車的老獵人大笑了，我趕緊問他為何？原來高陶甫開搶沒打到羊，打到土了。可是我更是根本渾然不知發生了什麼事情，這就是老獵人的經驗啊！沒過多久，在高速奔跑跳躍變向的追逐之下，羊的速度漸漸慢下來，我們的車卻加緊油門愈追愈猛，這時各車的槍聲都連續的響起，只見野羊倒下，此刻突然感覺有點勝之不武。車沒停繼續追逐下個獵物，持續約半小時才停了下來，這時大家各自尋找戰利品，搬上車後又聚攏在一起。

高會長打開一瓶蒙古白酒，口中念念有詞的將酒倒入埃雅克（銀碗）先向天潑灑，再倒滿灑向地，又注滿灑向四周，如此就完成了敬天、敬地、敬眾神的儀式。自己再倒滿一飲而盡，然後又注滿酒，在口中念著祝福詞時將埃雅克遞給我，接過埃雅克後，我用右手的無名指沾起酒彈向天，再沾彈向地，又沾彈向四

▲我在蒙古獵得的第一隻野黃羊。

周，最後再沾輕點於額頭上敬父母，當然我乾杯後說著感謝詞遞還，接著大家依長幼之序，與高會長進行相同慶祝狩獵順利的儀式。

在顛簸的土路上奔馳，我累得居然能昏昏的睡著了。在日落之前趕到了高會長老家，歐德蘇倫先生與家人朋友都已等在蒙古包前歡迎我們到來，人群中還有一匹壯碩的蒙古馬，在馬嚼子的韁繩上還綁著一條藍色哈達，原來高會長特別安排了一場驚喜。

高會長首先表示歡迎大家很難得來到他的老家，並要藉此機會以蒙古人最傳統尊貴的習俗進行贈馬的儀式。高會長先誦唸烈馬贈勇士的祝禱詞，接著歐德蘇倫左手提著一個木製奶桶，右手執一支有九個孔洞的長柄木杓，一邊念著祝福一邊用木杓舀出鮮奶灑向天，連續三次後再舀出一杓灑在馬頭上，乳白的鮮奶沿著馬頭籠的韁繩流在藍色哈達上更顯聖潔，這時再將牽著馬的韁繩遞給我，頓時大夥都把雙手伸向天高聲的恭賀與祝福，我緊緊的抱住馬頭親吻我的馬，這是我第一次在故鄉草原上眼睛濕潤了。

蒙古包裡的爐火暖呼呼的，讓大家都脫了外套，喝著酒暖好胃，就開始享受那一整隻燉好了的手扒羊肉。大夥邊吃邊聊商議這次狩獵方式的行程。因為我想嘗試夜獵的刺激，其他不去的人就繼續喝酒、下棋、打牌，最後歐德蘇倫吆喝了三個人陪我去夜獵了。

▲高陶甫會長（右一）、歐德蘇倫先生贈馬。

▲我的第一匹馬。

我坐在前排右座，因為這是車上唯一的射擊位置；歐德蘇倫坐後排中間指揮司機行車路徑，因為夜獵必須靠老獵人的經驗，才能在茫茫暗夜的大草原上找到獵物；後排兩側的人手拿大型照明器具幫忙搜尋獵物。今夜氣溫零下二十多度，雲厚沒有月光也不見星星，車往平日小溪多的草原區域駛去，因為那裏有較多的灌木叢，也是野羊夜棲之地。

「巴特，那裏有羊！」在燈光照著五、六十公尺，有好幾對閃著亮光的眼睛，我急忙將身體伸出窗外，將槍架在肩上，此時只見一隻大羊起身要緩步離開，我興奮緊張又激動的立即扣下扳機，槍聲響起只見羊倒下還在抽搐擺動，車衝過去人上前，一腳踩住

▲夜獵野黃羊。

羊的脊梁處，雙手抓住頭用力扭擰一下就不動了。

「哇！還有一隻小羊！」因為先射到大羊的腿穿過後再射到小羊，此時大家靜靜地抬起羊放入車後行李箱，然後車往回行駛著。沒人說話的空氣中瀰漫著怪怪的氛圍，我心中泛起憂傷的感覺，腦中響起老獵人的叮嚀。蒙古人狩獵有三禁忌：不獵殺有孕的、和幼小仍在生長的牲畜；春夏為繁殖生育季節不可打獵；圍獵時須留一些活口以維持繁衍。

喀拉喀拉的冰碎裂聲，車已向前傾斜陷入小溪裡，司機努力的不停換檔催油門，只聽到尖銳的輪胎磨擦聲，帶著碎冰的泥水四濺，車輪打滑陷著了。此刻心中冷冷地感覺到，現世報來的還真快啊！

大夥在極寒的冷冽刺骨風中，四處去尋找石頭拿回來墊在車輪下，希望在這極端惡劣環境中能脫困，以免要擔驚受怕的過夜。我看見遠方有個小木屋，心想著就走去要請人幫忙，當我快靠近時，眼中一花，那木屋居然變成一大叢灌木！心中一驚莫非是雪盲，產生了海市蜃樓的幻覺，我急忙閉上眼睛蹲下深呼吸轉身，我告訴自己別慌，一定要安全的走回去。

當慢慢站起來睜開眼睛時，我驚嚇得幾乎崩潰，遠處是一座巨大的變形金剛有兩束強光照向我，猙獰地向我招喚，耳中也響起鋼鐵敲擊的巨大聲響。我驚覺到這是幻影，立即又閉上眼睛匍跪在雪地上，口中大聲誦唸六字真言的咒語，也讚念家中供奉的神佛的法號，以懺悔之心，祈免今夜誤犯禁忌之惡。許久許久之後，心境漸漸平緩寂靜，我緩慢地站起來，深深地吐口氣，當睜開眼時，兩盞車燈正照亮著走回去的路，霎時心中充滿著祥和喜悅。

當我走回去跨過小溪後，拿起放在引擎蓋上的酒瓶喝了兩口，撕了一塊肉乾放入口中嚼著，沒有與友人打招呼，就直接鑽進車裡坐著，不久大夥都擠進車裡，在溫暖中等待天明。

天剛亮時，就有一位牧民騎馬拖著一塊厚長木板過來，他說剛起來出門就看到我們車子斜插在小溪裡，就直接來幫忙了。就這樣我們脫困了，大家齊聲衷心感謝，揮手道別可愛的蒙古牧民。

回到紮營地時，與眾人喝著熱奶茶聊昨夜的事。我問：你們不擔心我們一夜未歸嗎？不會啊！因為用四個羊踝骨卜了卦，有老獵人護著有驚無險，所以大家喝完酒就睡了。

歐德蘇倫與大夥商議後，決定了此次獵狼時每個人與車的任務。由一輛車帶領當地牧人騎馬繞到山區的後面，另外四部車在山谷外，形成大口袋的佈陣，並約定一小時後，由山後方發起驅狼動作。大夥一起行動分別前往約定地點，等待那震天價響驚動山谷的時刻。

我與鋼巴特同車，在等待時聽他述說獵狼的故事。從小至今已獵得十幾隻狼，每年都期待冬天的第一場雪，因為可以去獵狼了。狼是非常的聰明狡猾行蹤不定，不是每次出獵都打得到，甚至有時候在雪地上循著狼的足跡，追蹤幾天都看不到一匹狼。

蒙古男人每年冬季都會狩獵，至於能否獵到狼並非重點，但希望能看見狼在山谷裡、在草原上奔跑，因為蒙古男人如果冬季沒見到狼，會感覺渾身不對勁，看見狼是可以給人有一種明年會幸運的期待。

蒙古人獵狼的基本三部曲：首先製造驚嚇使狼奔跑暴露蹤跡，再來把狼驅趕入平原無法藏匿，最後以阻擋方式圍獵。野狼在驚嚇中奔跑的方向，任誰也無法預測，所以獵狼是艱難的，也是最刺激的。

山後槍聲連續響起，牧人更是用打狼棒上鑲嵌的鐵環敲擊鐵製的馬鐙，因金屬撞擊的尖銳聲，會令狼恐懼發狂而奔逃。緊張刺激的時刻來了，我們跳上車發動引擎蓄勢待發，大家也拿起望遠鏡眺望山谷裡的動靜。亢奮的心情使等待的時間顯得急促。

突然右側中路響起連續的槍聲，我們循著槍聲的方向駛去，只見一匹大灰狼奔竄在山坡的岩石間，一輛銀灰色賓士吉普車緊追在後，車的身影幾乎與狼同步，不僅左竄右奔，更跳躍在岩石之上，完全不顧車身撞擊後的損傷。經過十幾分鐘的追逐，車突然停下來了，獵人把槍架在肩膀上，在等待！

狼在奔跑衝到山巔的霎那間，不會一躍而過，而是戛然止步，立於山巔之上，昂首以犀利眼神回望，鄙視追逐的獵人，展現狂野自由的傲氣。碰的一聲！老獵人抓住狼的高傲習性，就在這電光石火的瞬間，狼倒下

▲獵狼，作者、高陶甫、歐德蘇倫、我的同學劉士台（由左至右）。

來了，再也無法在滿月的夜晚，站在山巔、站在崖邊，昂首嘯月。那屬於狼的灑脫，黯然不在了。

大夥聚攏過去看那令蒙古男人驕傲的戰利品，我卻看著賓士吉普車的三個輪胎破了，斜斜地躺在山坡上。蒙古男人為了野狼可以瘋狂地投入，不顧任何代價，為的就是要抓住那與狼糾結的愛恨情仇；狼性、獵狼，曾驅使蒙古大軍縱橫草原逐鹿天下。而今草原依舊，蒙古男人豪情依然澎拜。我因獵狼而感受到蒙古人的驕傲。

草原，與妳有約！

在我任職於烏蘭巴托之時，某個午後，雲層遮住了陽光，開始下起了今年的第一場大雪，整夜下不停。早上衝進辦公室就打電話給秋天回老家生小孩的同事札雅，因為她曾說：冬天下雪後，你們來看我的新生寶貝，順便請父親尼瑪蘇倫帶你們去獵狼。就因為這邀請狩獵的承諾，我們興奮期待的大雪終於來了，當下就約好週末去看札雅，是在杭愛山區的阿爾拜赫雷，那兒離烏市四百三十公里。

清晨，雪停了，氣溫還是很低，約零下二十多度，我們四人一部車，出城往西先去蒙古帝國古都哈拉和林，然後左彎南下駛向前杭愛省首府阿爾拜赫雷。沿途因在曠野的路上，風呼冽冽的吹，氣溫更是再降低十來度。路途中老煙槍友人首先發難，要求停車讓他下去抽根菸。從窗外看去，只見他脫了手套，刺骨冷風扎得雙手抖不停，狀似笨拙的想從菸盒裡拿根菸，許久之後拿出菸放在嘴上，然而打火機就是點不了火，不一會兒終於放棄鑽回車內，直喊太冷了受不了！車在大夥的嘲笑中繼續前進。

晚餐前抵達札雅家，進入屋後先來了一碗迎賓的下馬酒，接著就是一大碗熱騰騰的羊肉湯麵，全身立刻就暖和了。因為明天清晨五點就要出發狩獵，所以今夜就早點去旅店休息，以備接受刺激的挑戰。

初雪後的狩獵總是令人期待，清晨旅店門口停了四部車，尼瑪蘇倫還吆喝了好多朋友陪獵。天還沒亮，一排車燈在顛簸的路上，形成草原上奇異的夜襲景象，看似軍容壯盛啊！

尼瑪蘇倫領著車隊到達那然特勒蘇木的友人家，大夥先享受一頓豐富早餐，將手扒羊肉一片一片的放進熱奶茶裡，再配上塗滿一層厚厚鮮奶油的黑麥麵包，暖暖的胃，一天的精力都飽足了。

我們的車隊又加入了當地友人的二部車，浩浩蕩蕩駛向更深遠的山區。當我們快接近目的地時，經過一戶牧民家旁，一隻狗突然狂吠的奔向山谷去。老獵人嘆口氣：這狗背叛了我們，洩漏我們的行蹤給牠的遠房兄弟了！老獵人擔憂狼可能聞吠聲而遠去了。

車停在山腳下後，尼瑪蘇倫向大家說明如何進行此次獵狼的計畫。大部分的人都揹著槍，子彈拽在口袋裡，結伴爬上山谷右側山頂的稜線上，各自找好可俯視山谷的最佳射擊位置，擺放好槍，再找一塊可以擋風的岩石旁休息等待。其他人開車繞到山的另一邊，約好時間，由他們負責驅狼趕向我們埋伏等待的山谷裡。

我們穿著大羊毛皮袍子揹著槍，負重超過十幾公斤，一路停下好幾次休息，爬到山頂已大汗淋漓內衣都濕透了。把護耳的帽沿綁好，領子翻起來，整個人裹在大羊袍子裡，靠在岩石旁休息。山頂上的景象是連風都吹不動的寂靜，就像一幅美麗的冬景畫，我們靜靜地躺在畫裡面。

在埋伏狩獵的等待時，要堅持靜止不動，以免被野獸發現有獵人在晃動，而逃逸無蹤。台灣來的菜鳥獵人，放下槍拿起相機，盡情的獵取美景，還對著我輕聲呼喚擺個姿勢拍照。老獵人終於忍不住發聲制止，請他坐下不要動。

山的另一邊，從不同方向傳來連續的槍響聲，開始驅狼了。我們興奮緊張地等待，端起槍，眼睛直盯住山谷的上方，槍聲一陣一陣的響起，焦急的等待使得時間顯得很漫長。最後槍聲停了，整個山谷靜悄悄的，別說沒看到狼，就連一隻野兔子都沒看見。

獵人豎起白旗，暫時撤離下山。因為我們先發生兩項誤失，首先那隻狗的吠聲驚動了山裡的動物，有獵人來了；後來在山頂上拿相機獵景的晃動，暴露了獵人埋伏的地點，終於導致這次的落空。

走下山後，尼瑪蘇倫召集大家邊吃喝邊討論，如何進行接下來的狩獵計畫。接著大夥就轉進到另一座山腳下的平原地方，先是派人去雪地上查看狼的足跡，然後將每一部車的人，都分別安排在路途點上，等距的灌

▲左邊穿毛衣者為尼瑪蘇倫先生，中間筆者，於下山後留影。

木叢邊緣的岩石旁埋伏，大家都面向同一個射擊方向等待，這是比較安全的佈陣。然後全部的車都繞到山後方，重複那驅趕的動作。

此時午後的陽光照在身上暖暖的，躲在石頭後等待的時刻，身子窩在羊袍子裡，躺在柔軟的雪地上，太靜了，不知不覺地打起鼾來，我驚訝地被自己的鼾聲驚醒。朋友們對不起了，在寂靜的雪地中，狩獵者應該是無聲的。

幻想在等待中醞釀，湛藍的天空連飛鳥都沒有啊！終於在山的另一邊響起連串的槍聲，但不像是驅狼的節奏，而像是大家在追獵的槍聲。野生動物在驚嚇中四散，是無法掌握其奔跑路徑方向的。原來是負責驅狼的朋友們，在山的另一邊已經自己開打了。不僅狼沒往我們埋伏的地方過來，就連隻野兔子或雉雞都沒看見。最終此行連一發子彈都沒擊發過啊！仰天長歎。獵狼！蒙古男人心中永恆的摯愛！

蒙古，與妳有約！

祭山

二〇一九年秋天，滿載著父親生前的期盼回到家鄉，蒙古國西部的科布多省布爾干縣，參加土爾扈特族人的祭山儀式。當攀上山巔之上的稜線，點香祭拜後，俯視父親思念的家族遊牧山谷，高崇的大山之間，寬廣遼闊粗獷原始的大草原，我終於明白父親的思念了！

初秋的阿爾泰山脈奼紫嫣紅瑰魅多嬌，九月初依舊處於旅遊旺季，因飛往西部的機位難訂而滯留烏蘭巴托二天。抵達科布多機場後，友人就嚷著行程已遲了，直奔第一個目的地吧！去位於曼汗縣的三藍之洞看一萬年前新石器時代的岩畫，那有一幅最著名也最特殊的、用紅琥珀色畫在岩石上的一隻飛奔跳躍的動物畫，這在蒙古是獨一無二絕無僅有的。看那頭部像似奔跑的羊，但卻有條尾端上揚的長尾巴，讓人無從比對是何種動物，有說是遠古進化前的黑尾野山羊，總之，留下了一個史前疑問。

▲蒙古阿爾泰山最高的冷峰，四千三百七十四公尺。

▲三藍之洞內，距今約一萬年前新石器時代岩畫，黑尾野山羊。

離開岩畫洞窟已傍晚時刻，為搶時間趕到縣裡投宿而抄近路，車走在兩山之間峽谷底部的河床路上，天黑霧濃飄著細雨，在亂石之間顛簸起伏像似匍步前進的速度，顛得空腹直冒胃酸。接近午夜到達曼汗縣裡，摸黑找到睡眼惺忪的縣長，開了一間有五張床的房子給我們過夜，桌上放了二條乾硬的禾雲孛兀（長條烤餅），我們胡亂就著水吃了幾口，到屋外草地上方便後，進屋倒在床上和衣就睡了。早上起來因昨夜下雪山區已是一片銀色景象，原本要繞著山邊草原土路去布爾干縣，但我要求重走昨夜的河床路，在阿爾泰山著名的崖壁峽谷之間，欣賞千變萬化獨特型

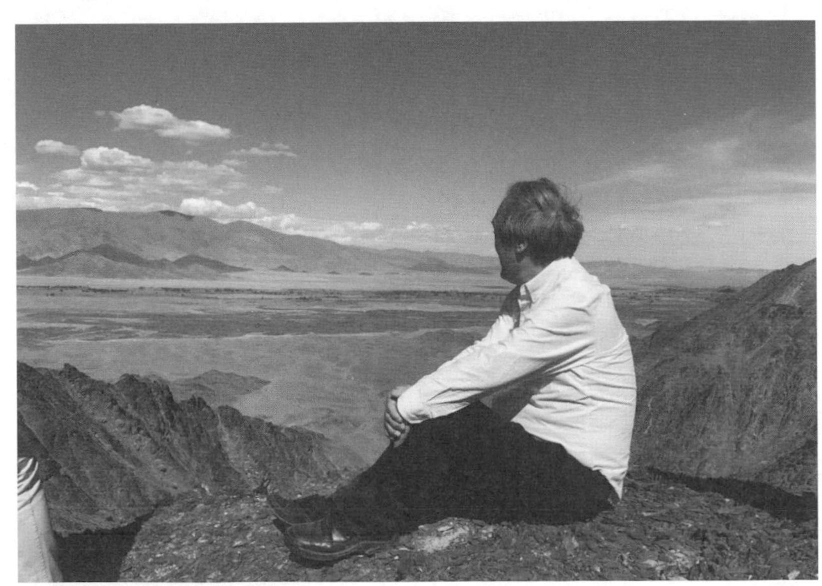

▲父親思念的家族遊牧山谷。

態的岩壁，我對昨夜的艱辛釋懷了。

蒙古年度民俗活動那達慕大會，全國都在夏季舉行，唯獨土爾扈特人在秋季舉辦，因為打草過冬的準備完成了。而今年又逢四年一次的江格爾史詩文化祭，綜合了傳統賽馬、射箭、摔角的競技，還有藝文活動及大型歌舞劇的演出，各式各樣的精彩活動於一週內舉辦，當然其中最重要也是最傳統的就是祭山儀式，也是此行最重要目的，既是完成父親的期待，也是我繼起傳承之路的開始。

我在祭山活動開始前一天到達布縣，親友先帶去屬於我們家族的遊牧山谷，車停在半山腰後攀上山巔之上的稜線，點香祭拜後，俯視父親思念的家族遊牧山谷，高崇的大山之間，寬廣遼闊粗獷原始的大草原，我終於明白父親的思念了！

接著驅車前往縣境內最高山頂上的哈魯勒鄂博（或譯敖包，為蒙古祭祀的石頭堆），那是保護全境土爾扈特族人的山神鄂博，其造型特殊是用石頭堆疊如塔，這在蒙古高原上極為罕見，而且周圍十幾公里內並無此種石材，因此更添神話的傳說。相傳在古代，當地發生瘟疫死了很多人，王子向上天祈求，願犧牲自己以護黎民百姓，在山頂挖了個洞，王子趺坐其中再以石塊堆疊其上成鄂博，王子日夜不停吟唱祈禱之詞，連續七日之後漸平息寂靜，而此時瘟疫之災也厄解了。

另外還有一個較為淒美的傳說，當公主愛上了俊才青年，但因出身於普通牧民之家，不為老王爺所接受，而將其押至山頂挖個洞推入其中並以石塊蓋住。青年在洞中以淒美的歌聲吟唱對公主的思念，七日之後歌聲漸漸微弱止息，公主悲痛刺心，許願建鄂博奉祭山神以護她憐愛的青年，更祈求山神庇護廣大的草原牧民。這是土爾扈特族人返鄉必去祭拜，祈禱山神祖靈護佑的哈魯勒鄂博。

▲布爾干縣境內最高山頂上的哈魯勒鄂博。

當我們車停在山坳之處，仰望山頂上宏偉的鄂博，心中泛起了父親給予的力量，揣上一瓶礦泉水邁步攀上去，一路停下好幾次喝水、看風景，當到達山頂時，我張開雙臂擁抱並用額頭頂禮著鄂博，大聲呼喊著：我回來了！焚香祈禱後，拿著馬奶及米粒順時鐘方向繞行鄂博三圈同時灑祭山神。此時雲飄過來，風吹的低吼聲夾著急促細雨打在臉上，彷彿在為異鄉的子民洗滌一身塵埃，回家了！

離開山區找到小湖邊牧民居住的地方，請了牧民騎馬帶路去看北亞草原留下最讓世人驚豔的突厥石雕遺跡。一千四百多年前，在隋唐時代，此地區是突厥人活動的地域，據《隋書．突厥傳》記載，突厥貴族有在墓葬之地立石像的風俗，其所雕刻的正是墓主人的光輝形象。當我依著石像拍照留念，友人驚呼：哇！你們好像啊！

▲布爾干縣草原上的突厥石雕。

祭山活動日的清晨，布爾干縣土爾扈特人的四大氏族：王津、貝林、泰吉、和碩特，已在縣府前集結坐滿幾十輛車一同出發，一路浩蕩前行一個多小時到達首站，柏勒塔鄂博。此時女人帶著小孩留在山下，因為女人是禁止上山參與祭山儀式，也因山勢陡峭碎石易滑，為小孩安全而留其在山下。此時眾人在喇嘛帶領下開始攀向山頂上的鄂博，因上山無既有的路徑，大家也依各自情況而找尋安全的方向攀爬上去。眾人在喇嘛誦經聲中焚香祈禱，並將準備的祭品祭拜於鄂博之上，繞行三圈後席地而坐，聆聽感受喇嘛誦經祈福山神的護佑。

儀式結束後眾人下山驅車往下個地點，達希旺吉勒鄂博，這是成吉思汗曾特別祭拜過的聖山，也是我們王津氏族主祀的鄂博，建在山前平地上，是一座範圍很大的高規格鄂博，五彩的經幡、藍色的哈

▲布爾干縣的達希旺吉勒鄂博。

達纏繞著整個鄂博，在豐富莊嚴中透著薩滿神秘的氛圍。眾人在喇嘛誦經聲中依序進行傳統的儀式，同時婦女已在一旁擺好了豐盛的食物，讓人邊吃邊聊等待儀式結束再去下個地點。最後到達呼赫朱爾鄂博，此山更高更陡峭全是碎石坡，好多年長者停在半山腰處向著山頂遙拜，當然我也停下來了。此時友人靠近問需幫忙扶我上去嗎？我點點頭後，一人在旁扶著一人在後推著，我手腳並用就攀上去了。此山頂上地方有限而人也太多，眾人上來後即席地而坐，雙手合十聆聽喇嘛誦經，祭拜後再依序下山。隨後我去親戚家與族人團聚，豐盛的家鄉菜餚讓我飽餐一頓，大家聊著

▲與族人團聚照。

生活近況，人越聚越多，有我的長輩也有我的孫輩，最後在珍重叮嚀聲中約定下次再相聚。

離開布縣開車去此次返鄉祭山的最後一處，位於蒙古國最西部、以哈薩克族為主體的巴彥烏勒蓋省，阿爾泰山脈五聖峰國家公園內的冷峰鄂博（蒙文「Huiten orgil」，「冷峰」之意）。冷峰是蒙古國的最高峰四千三百七十四公尺，而鄂博就矗立在約四千公尺的高山草地上，這是蒙古海拔最高的鄂博。另外四座峰是：友情峰四千一百九十二公尺、鷹峰四千零六十八公尺、牧人峰四千零五十一公尺、搖籃峰四千零五十公尺。

清晨六點多，氣溫約五度，約好的哈薩克司機穆拉泰先生來旅館接我去他家裡吃早餐，因旅館餐廳尚未營業，早餐有自己院子種的番茄、小黃瓜，一杯熱奶茶加上新鮮的牛油配黑麥麵包，當然還有讓我思念的嘴饞很久的哈薩克卡司——煙燻馬肉。餐後

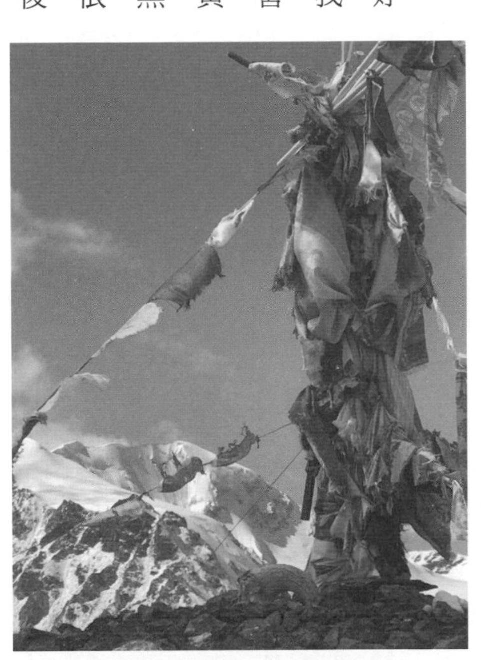

▲冷峰鄂博上繫滿了信徒敬獻的哈達。

穆太太將今天一路需要的食物飲料炊具都放上車，她是隨行的廚師，哈薩克男人是不下廚的，隨後順路接上了翻譯和嚮導，離開烏勒蓋市區就全程在土路上奔向阿爾泰山上的冷峰鄂博。

阿爾泰山脈長二千多公里，縱跨中、俄、蒙、哈四國，風景綺麗、森林蔥鬱、草原茂盛、自然景觀瑰魅多變，是北亞草原文明的孕育發祥之地，是薩滿的原生之處，是天人之間呼麥的原鄉。阿爾泰山有廣大的原住民族，還有俄羅斯人、蒙古人、哈薩克人散居在林間草原之上，草原子民不僅在信仰上崇拜阿爾泰山，更在詩詞歌賦、音樂舞蹈、文學創作上，處處皆可體現他的存在。例如蒙古族著名詩人阿爾斯愣的詩，如下描述：

> 此刻，我想把你說成阿爾泰山，肯特山，還有三河源頭從嘎仙洞熔山開路走出的蒼狼白鹿。

因為蒼狼白鹿是蒙古人的始祖；肯特山是蒙古帝國的發源地，根據《蒙古秘史》，成吉思汗葬於肯特山起輦谷；阿爾泰山是蒙古人的聖山，在蒙古人心中擁有無比神聖的地位。另外一例：阿爾泰烏梁海部族人在演唱史詩之前必須先以呼麥方式演唱《阿爾泰頌》，通過演唱請來阿爾泰山的山神——阿里雅洪格爾，讓祂向人們舉行洗禮之後才能開始演唱史詩。

父親每當在祭祖靈時總是叮嚀：土爾扈特的男人一定要去阿爾泰山祭拜冷峰鄂博。

當抵達阿爾泰五聖峰國家公園入口處，因已九月中旬，整座山區未見遊客且管制哨也撤了，我們驅車直上，草地路徑不明顛簸起伏，雪融導致泥濘不堪，數度打滑左衝右闖，花了約二小時終於到達位於高山草地上的冷峰鄂博。車停在草地右側邊緣離鄂博數十米遠，我會心的笑了一下，信奉伊斯蘭的哈薩克友人因宗教不同而保持距離。

我拿著馬奶、食米、哈達走到鄂博前，先將哈達繫在鄂博上，再掏出小皮囊將裡面鮮綠色的香粉倒在石板上堆成一小撮，焚香祈禱，我順時鐘方向繞行鄂博三圈之時，口中念著父母親及家人的名字，同時將馬奶與食米灑祭在鄂博上祈求山神的護佑。

站在冷峰鄂博旁，望著壯麗的阿爾泰五聖峰，那種宏偉磅薄的自然景色，在未見之前是無法想像的。祭拜鄂博後獨自走向冷峰冰川，仰望冰川環繞著冷峰，岩頂以藍天白雲為景，我終於明白了！我張開雙臂伸向長生天，以薩滿儀式呼喊：父親，我來了！

四千公尺高山，零下十幾度，一頓熱騰騰的美食。

「午餐好了，回來吃吧！」忽感飢腸轆轆，在零下十幾度的高山上，手握杯熱茶溫暖的全身都跳躍起來了。穆太太備好豐盛傳統的哈薩克餐點，不僅有各部位的煙燻馬肉，更驚奇是燉得軟嫩爽口的馬肚子。嘗美食、賞美景，幻想著當夜色低垂，月光照亮冷峰岩頂，星星灑在冰川之上，我激動興奮期盼：「你們先下山，明天再來接我。」「如果今夜下場大雪，那就明年才來接你嘍！」穆拉泰在笑聲中回應，我只好戀戀不捨的上車回城去。在下山途中，我驚喊停車，衝下車走下坡到湖邊，拍下像似台灣高山嘉明湖的美景。

▲四千公尺高山，零下十幾度，一頓熱騰騰的美食。

「這湖是什麼名字？」

▲阿爾泰山冷峰鄂博。

▲壯闊的阿爾泰山，連綿的雪白山頭，冷峰傲然矗立於群峰之上，像似獨領天地的英雄。

「沒有名字。」

「為什麼沒有名字？」

「因為山上湖太多了！」

我尷尬不語但會心一笑，因為突然想起今年五月與太太在羅馬逛街時，問友人那街角的古墟是什麼？友人也是聳肩回答，「太多了！不知道！」

夜幕低垂時，車停在群山圍繞的大草原中，因為失去方向迷路了，司機喚醒昏睡的嚮導，溝通後車駛向一座哈薩克氈房，大夥入內就坐，此時女主人將乾馬糞倒入火爐煮上奶茶，拿出一袋油炸粿子放在盤裡，再從大桶裡刮出一碗新鮮奶油，邊吃邊喝討論著如何找到回城的路，在感謝聲中與熱情的牧民揮手道別，此時也換由嚮導開車，車燈照著草原崎嶇蜿蜒的土路在山谷間緩緩前進，回到烏勒蓋市已近午夜了。

週日清晨，街上人稀車少，很快就到機場。當飛機爬升到白雲之間，從窗外看那壯闊的阿爾泰山，連綿的雪白山頭，冷峰傲然矗立於群峰之上，像似獨領天地的英雄。我衷心誠服於這奇異美景，心中彷彿聽到父親叮嚀：下次帶兒子回來，祭山！

從故宮的〈元世祖出獵圖〉看蒙古的狩獵文化

前言

〈元世祖出獵圖〉（軸／絹本／設色／182.9×104.1cm），根據此畫左下角的標記，至元十七年（西元一二八〇）二月，御衣局使臣劉貫道恭畫，宮廷畫師為皇帝作畫而有明確紀年題款實屬罕見。此畫為蒙元時期，對皇家狩獵情景的寫實精品之傑作，不僅能讓人一窺皇家狩獵的架式，更能了解蒙古狩獵文化之精髓。圖中最為珍貴的是史上首見「哈剌蘇力德」的實體展現。

▲圖一，〈元世祖出獵圖〉台北故宮博物院藏。

另外，描繪了蒙元時期所有狩獵的方式，除了有獵鷹、獵豹、獵犬外，還有彎弓射箭、打布魯，以及用來驚嚇鳥飛的皮鼓，及手持喚鳥、持鳥的白布旗，也看到了狩獵的戰利品——天鵝、大雁、狐狸。這些鉅細靡遺地描繪，提供了研究蒙元時期狩獵文化的第一手資料，彌足珍貴。

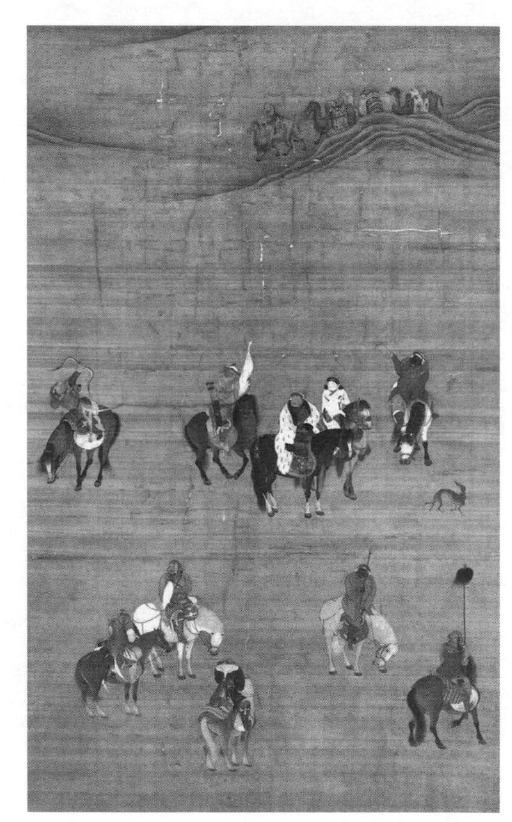

▲圖二，〈元世祖出獵圖〉台北故宮博物院藏。

此幅畫最精彩而令人讚嘆的是，將帝王出獵的諸般情景，具體而微地描繪得細膩傳神。畫面中所有人物全都勒馬停歇，就連那隻獵犬，都回頭張望看那即將發生的事。因為此時遠方的天際，飛來了兩隻鴻雁，左方的騎士，旋即轉身彎弓雙眼凝視獵物，氣勢凌人蓄勢待發。畫中人物的目光，包含那隻獵犬，全都聚焦在這箭矢離弦的剎那，氣氛凝聚的張力十足，顯得無比緊張而期待。

蒙古人的狩獵就從《蒙古祕史》中描述成吉思汗的童年故事談起吧！

鐵木真（成吉思汗）小時候，父親也速該被塔塔兒人毒死後族眾離散，寡婦弱子居於斡難河畔，母親訶額侖夫人揀些杜梨山丁（果名），挖野蒜苗、野蔥、野薤養育兒子們，在他們稍長之後，他們去斡難河釣魚、用網撈魚，還用無鏃的箭射雀兒，來奉養母親。就在那不久之後，鐵木真他們又受到其他部族的欺壓，他們就遷到不兒罕山附近住了下來，此時，他們獵殺土撥鼠和野鼠為食。

鐵木真因與異母兄弟爭奪獵物，而引發了蒙古歷史上一場因狩獵而兄弟相殘的悲劇。鐵木真，因同父異母的兩兄弟——別克帖兒和別勒古台——連續搶奪了他與弟弟合撒兒的獵物，雀鳥和小魚，於是他與合撒兒設下埋伏欲射殺他們。自知難逃一死的別克帖兒懇求他們饒弟弟一命：「……不要毀滅我的火盤，不要撇棄別勒古台！」然後鐵木真、合撒兒就一前一後將別克帖兒射死而去。

此事當然令母親訶額侖夫人憤怒而痛加責叱。鐵木真也覺得自己做得過分了，於是向母親承認了錯誤，之後就如同親兄弟一般地對待別勒古台，作為自己的懺悔。如果當時也殺了別勒古台，蒙古歷史上就會少了一位偉大的英雄。這就是有名的訶額侖太后訓誡成吉思汗的故事，同時此事也為蒙古人留下了一項重要的草原法則，「獵物要公平的分配」。

在蒙古，狩獵的對象和方法，可分為走獸與飛禽；圍獵與行獵。以飛禽為對象的多是用獵鷹捕捉，他們是騎馬架鷹攜獵犬出獵的，當然也有彎弓射大鵰的，但這些都是屬於娛樂的成分較多。若是大規模的圍獵，就有如軍事行動的架式了，現代社會已沒有這種圍獵了。

據《蒙古黃金史》所載，當成吉思汗晚年思考立皇儲大業時，曾派人打探四個兒子——朮赤、察合台、窩闊台、托雷——是如何談論「人生何事最為快樂」的。

朮赤說：「我想謹謹慎慎的牧養家畜，挑選最好的地方叫斡兒朵（蒙語：皇室宮帳）安營，大家在一起宴會享樂，這是最快樂的事。」

察合台說：「在我想來，克服敵人，擊潰反叛，叫有駱駝羔兒的人們給幼駝穿鼻孔。長征去把戴姑固冠（蒙古貴婦頭冠）的美女擄回來，是最快樂的事。」

窩闊台說：「我想使我們有洪福的汗父艱艱苦苦建立的大國，得到平安，叫百姓們手有所扶，足有所踏，使國家人民長治久安。公平的執掌國政，使年老的長輩們享安樂，叫生長中的後生們得平安。這才是最快樂的事。」

托雷說：「騎上調練好的良駒，架著訓練好的猛鷹，到深澤行獵，去捉布穀鳥。騎上調練好的花斑馬，架著紅色的海東青（蒙語，指各類猛禽獵鷹），到山谷行獵，去捉花斑鳥兒，是最快樂的事。」

當成吉思汗聽完之後說：

「朮赤從小就喜愛家畜，所以他那麼說。察合台從小就和我一同從征建立國家，所以他那麼說。托雷說了不成大器的話。窩闊台的話實在好！」

最終的結果，看來成吉思汗並不欣賞么兒托雷捉布穀鳥的雅趣，而是立了三子窩闊台為皇儲，而後他也繼承為蒙古大可汗。

元世祖忽必烈是托雷的次子，他在十歲的時候和弟弟旭烈兀打獵競賽，依照蒙古人的習俗，小孩子第一次出去打獵時，要在大拇指上抹黃油，藉以祝願未來的成功和致富，這次的狩獵儀式，是由祖父成吉思汗親自主持的。爾後，成吉思汗在臨終前說：「留心聽少年忽必烈所說的話，他有一天要繼承我，你們對他要和對我生前一般！」

成吉思汗不知道的是，他最器重的皇孫忽必烈，其實也是個酷愛畋獵之樂的人。馬可波羅曾詳細描述過忽必烈的畋獵之樂：

「各人有一小笛及一頭巾，以備喚鳥持鳥之用，俾君主放鳥之時，放鳥人勿須隨之。蓋前此所言散佈各處之人，守衛周密，鳥飛之處，不用追隨，鳥須救助時，此輩立能赴之也。……

大汗坐木樓甚麗，四象承之。樓內佈金錦，樓外覆獅皮。攜最良之海東青十二頭。扈從備應對者有男爵數人。其他男爵則在周圍騎隨，時語之曰：『陛下，鶴過。』大汗聞言，立開樓門視之，取其最寵之海東青放之。此鳥數捕物於大汗前，大汗在樓中臥床觀之，甚樂，侍從之諸男爵亦然。故余敢言世界之人，娛樂之甚，能為之優，無有逾大汗者。」

比起老爸托雷捉布穀鳥，忽必烈顯然更勝一籌，不僅臥榻之上捕獵大鶴，還征服中國建立大元，將帝國盛世推到極致。

忽必烈的獵場有多大？

《馬可波羅行記》記載：「尚有一事須為君等言及者，此地周圍二十日程距離之內，無人敢攜鷹犬行獵。在大汗所有轄地之中，有獸四種，無人敢捕。即山兔、牡鹿、牝鹿、獐鹿是已。此禁僅在陽曆三月迄陽曆十月之間有之。違禁者罰。」但在此禁獵期限之外，「則解其禁，個人得隨意捕之。」〈元世祖出獵圖〉中的狩獵之處，是否在此獵場？不得而知，待考中。

〈元世祖出獵圖〉中的狩獵文化意象

忽必烈至元十七年（西元一二八〇年），劉貫道畫〈元世祖出獵圖〉，描繪忽必烈帶著皇后率領隨從八人，在秋涼時節到曠野狩獵的情景。畫中內容，描寫黃沙浩瀚、朔漠無垠，遠處沙丘之中駱駝商隊緩緩而行。忽必烈身著紅衣白裘騎黑馬，與其並騎穿白衣者是皇后徹伯爾。隨行侍從之中三人，可由其膚色、容貌看出是色目人，此圖三可證蒙元時期是國際化的大帝國。

「哈刺蘇力德」，是君王的黑色軍旗，代表忽必烈親臨在此。此圖四寫實功力被世人公認為絕頂之作，此「哈刺蘇

▲圖三，〈元世祖出獵圖〉台北故宮博物院藏。

▲圖四，〈元世祖出獵圖〉台北故宮博物院藏。

力德」是歷史上首次的實體紀錄。另外在《蒙古祕史》記載：成吉思汗在一二〇四年四月十六日，灑馬奶子祭了大纛旗後出征乃蠻，這大纛旗顯然就是哈剌蘇力德。此外，《蒙古秘史》另載：「虎兒年（西元一二〇六年），在斡難河源頭，召集大會，立起九腳白旄纛（即查干（白色）蘇力德，帝國的標誌），共上成吉思可汗以可汗之尊號。」但九腳白旄纛實體形象為何，因無圖像的紀錄而難以確認。故本圖所繪忽必烈的「哈剌蘇力德」實乃彌足珍貴。

此圖五中的侍從應為獵隊之首，其不僅配帶弓箭，馬背上也已有捕獲之狐狸，他手中的白布旗，則是馬可波羅所描述的布巾，「以備喚鳥持鳥之用」，由其立馬於忽必烈之側，可見其在獵隊中的重要性。

▲圖五，〈元世祖出獵圖〉台北故宮博物院藏。

圖六這位膚色黝黑的侍從，手持一根套著金屬頭的長桿，蒙語叫「布魯」。在蒙古人

的生活中，狩獵佔據著重要地位，而蒙古人的狩獵工具，除了弓箭、套索、捕獸夾外，更有這種號稱「打狼神器」的獨門秘密武器「布魯」，不論遠距離投擲或近距離擊殺獵物，都很稱手。

圖七中兩人的手臂上，則分別架著白海青和褐色矛隼。白海青之尊貴，見《蒙古祕史》記載：朮赤征服了「林中百姓」，帶著他們的「諾顏」（蒙語：君王、領主）謁見成吉思汗，呈獻白海青、白騸馬、

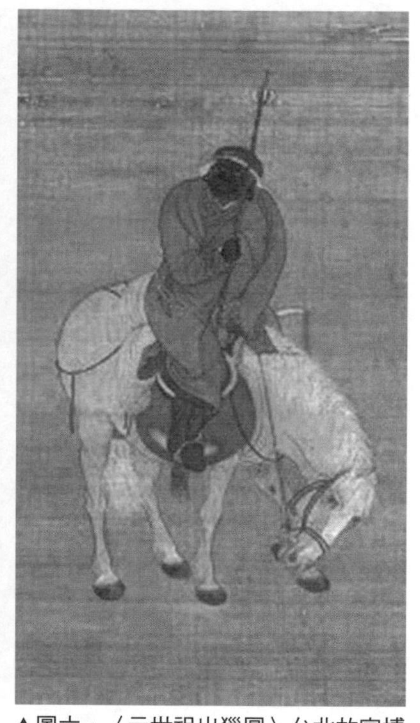
▲圖六，〈元世祖出獵圖〉台北故宮博物院藏。

▲圖七，〈元世祖出獵圖〉台北故宮博物院藏。

黑貂皮。

獵鷹生性犀利兇猛，善於搏擊天鵝、大雁，也常用於追捕沙狐、兔子、旱獺等小動物。獵鷹是馴養來打獵的好幫手，蒙古人稱飼鷹者為「昔寶赤」（shibàuchi）。其中有一騎者的座後垂掛著天鵝及大雁，正是此行的戰利品。

▲圖八，〈元世祖出獵圖〉台北故宮博物院藏。

圖八中架著白海青的馬上有隻鼓，鼓面有獵捕天鵝的圖案，兩位昔寶赤的馬上都有皮鼓，蒙古人以擊鼓驚嚇方式，使天鵝、大雁從藏匿處飛起，此時放鷹搏擊。鷹體型小，是由上往下衝，用鷹爪攫住天鵝頭部下壓搏擊墜地。當看到明代殷偕的〈鷹擊天鵝圖〉，頓時豁然了解馬可波羅所言：「鳥須救助時，此輩立能赴之也。」當天鵝墜地掙扎時，昔寶赤即縱馬上前刺死天鵝，並立即取出鵝腦以獎賞獵鷹。

另外，出獵圖九中白海青頭戴紅色鷹帽，甚為突顯。馴鷹，須長時間用各式鷹具使其馴服，並聽從號令捕捉獵物，而鷹具最有代表性的就是遮住鷹眼的鷹帽，也能展現主人美觀實用的巧思。其功能是遮眼護頭，可穩定獵鷹的情緒並蓄養體力。當拿起鷹帽時，鷹就會依指令方向疾飛捕獵。鷹帽，至今依然在蒙古獵戶手中護衛著獵鷹文化。

圖十這位騎者，像是西亞的色目人，背後蹲踞著一頭獵豹，豹口以皮索套住。獵豹產於印度及西亞地區，蒙古宗王用的獵豹，主要來自征服波斯後所進獻的文豹，有為宗王專門飼養獵豹的人，蒙古語稱為「巴兒赤」（barschi）。

▲圖九，〈元世祖出獵圖〉台北故宮博物院藏。

▲圖十，〈元世祖出獵圖〉台北故宮博物院藏。

《馬可波羅行記》中提到忽必烈熱愛獵豹，時常騎馬攜豹出獵野鹿。另外，蒙古裔的帖木兒汗國後代，在印度建立了蒙兀兒帝國，其第三代皇帝阿克巴開創了全盛時代，史載阿克巴皇帝也酷愛用豹狩獵，因印度是豹的產地，故其先後馴養超過千頭獵豹。

圖十一「彎弓射大鵰」，射鳥絕對不是一件容易的事，必須把鳥的飛行速度和箭的速度配合好，方可射準，不然射鵰者又有什麼稀奇呢！蒙古人稱神射手為「默爾根」（mergen，亦有英明的意思），極受眾人的尊敬。

圖十二，遠方的天際，飛來了兩隻鴻雁。在黃沙浩瀚的沙丘之中，駱駝商隊緩緩而行，描寫商貿於途民富國強的景象。

圖十三，二〇一五年，台北故宮出版了《蒙古文物彙編》，在蒙古國造成轟動，蒙古的傳統製弓師如獲至寶，終於可以將傳說中的牛角弓

▲圖十一，〈元世祖出獵圖〉台北故宮博物院藏。

再現風華了。

圖十四，此膚色黝黑穿紅衣的色目人侍從，是訓管獵犬的人，蒙古語稱為「諾亥赤」（nohoichi）。

▲圖十二，〈元世祖出獵圖〉台北故宮博物院藏。

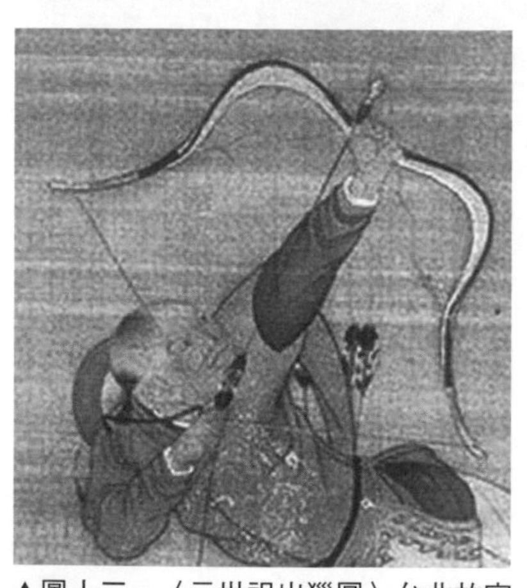

▲圖十三，〈元世祖出獵圖〉台北故宮博物院藏。

圖十五，獵犬，台嘎（taiga），閹割過的短毛細犬，腰身長、尾巴長而勻稱，靈敏銳捷速度快。據說此種細犬原產於古埃及，可見於金字塔中有細犬出獵的壁畫，至於何時傳到蒙古草原，待考證。

當獵犬第一次出獵之前，諾亥赤會先往狗鼻子裡灌注狐狸熱血直至嗆到，使其厭恨這種氣味，讓牠與狐狸成為死敵，一有機會就搏命追獵絕不放過。但這種專門獵取狐狸的獵犬，可不能帶去獵兔子。否則之後追獵狐狸時，一旦途中遇到又美味又容易撲殺的兔子，獵犬就會改變方向去追兔子了。

▲圖十四，〈元世祖出獵圖〉台北故宮博物院藏。

▲圖十五，〈元世祖出獵圖〉台北故宮博物院藏。

結語

以往在閱覽各類史料記載蒙元時期的狩獵情景，常有不甚理解之處，如今在與〈元世祖出獵圖〉比對之下，不僅令人心曠神怡，且一切瞭然了。此畫可謂是研究蒙元時期狩獵文化，最完整、最珍貴的寶庫了。

古時蒙古狩獵的方式與目的，在現今已徹底改變了，大型圍獵已不存在了，而由數個人組成的行獵方式為之。更重大的變化是，已由汽車取代騎馬，獵槍成為狩獵工具，而其亦已不具經濟、軍事、政治等目的，而以娛樂、聯誼的成份居多。但是，狩獵依然是蒙古草原之精神所在，是蒙古男人的最愛！

3

佛影・佛蹤

章嘉大師與台灣的故事

一九四九年，一個動亂傾圮風雨飄搖的年代，章嘉大師東渡來台，帶著護佛牖民的精神，為寶島戰後佛教的振興發展點燃一盞霞彩之燈，光照至今，佛緣綺麗。

章嘉大師的青田居

章嘉大師在世時常常稱許台灣為藏傳佛教殊勝之地；青田居則是他心目中的「圓滿摩尼寶洲」。在那風雨飄搖的年代，青田居是在台蒙藏同鄉心靈的依歸、是鄉愁的喜樂之地；達官顯貴文人雅士也常來此串門子，或是敘舊，或是問道於大師以解心中塊壘；更是世界各地

▲章嘉大師在台北的駐錫地青田居。

蒙藏高僧大德書信往來之所在。

從青田居出巷口，轉個彎就到黨國大老于右任故居，兩人是西北故舊又是鄰居，交情特別好。蒙古大王爺敏親王與大福晉及女兒也常來看望佛爺閒聊家鄉事；敏親王還介紹鄰居青年許業鴻（淨空法師）每星期來青田居，隨大師學法三年有餘。

長居海外的當才活佛（達賴喇嘛大哥）與大師書信往來頻繁互問安好；在台的西藏鄉親們更是常來串門子向佛爺請安問候，聊到西藏情況總是讓佛爺憂心的卜卦祈福護祐藏民。

最常來青田居照顧大師起居打掃庭

章嘉大佛慧鑒

我接到了佛爺的信實在喜歡極了。我在地沒有一個深交的朋友，又甚是我的健康不怎麼好，所以只好在家讀經過日子，很少有外界來往。

関于烏王堂的事情，我很樂意幫助，但是現在的我是心有餘而力不足，將來有機會我一定要幫助的。

當才 拜啟

四月七日

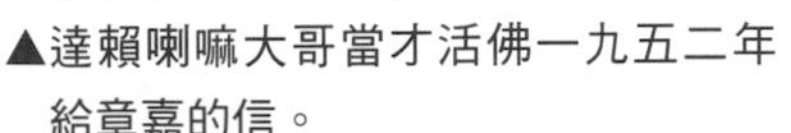

▲達賴喇嘛大哥當才活佛一九五二年給章嘉的信。

▲章嘉大師（右）與于右任在青田居合影。

院的，就是住在隔條馬路的對門口，溫州街新疆大院子裡的蒙古同鄉。他們長期隨侍大師，當大師圓寂時更是全力協助甘珠活佛主持喪葬中的一切法儀，並繼續護持青田居，這個鄉親們魂牽夢繫故鄉草原的淨樂之地。

回顧大師來台之後，對於戰後初期佛教在台灣的弘傳、流佈，具有舉足輕重的影響力，其中最為人讚頌的二大貢獻：率團環台弘法、與日交涉迎玄奘大師靈骨來台。

佛影．佛蹤——章嘉活佛環台弘法行腳

在章嘉大師圓寂六十五年後，透過大師留下的六千多幀歷史影像來說故事，尋找那個時代散落的記憶，對於廓清填補臺灣多元文化的歷史足跡而言，彌足珍貴。

二〇二一年十一月初，當筆者任職文化部蒙藏文化中心主任，開始整理章嘉大師留下來的影像資料時，首先遇到的第一個問題就是，除了大師以外不認識其他照片中人，因為大師圓寂時，我還在母親的懷中到青田居上香磕頭，其他同仁更都尚未出生啊！我們開始除了翻閱書刊雜誌比對外，更是在網路世界上鋪天蓋地的搜尋辨識，然而所得不多。我們決定改變作法，針對照片中的線索上網查電話直接洽詢，當然一開始還是鬧了不少笑話，

因為還有人以為是詐騙電話呢。

首先，我認為其中應該有淨空法師年輕時的照片，所以我就連絡佛陀文教基金會朱益村執行長，說明緣由後，他回說沒有，但可寄上一本《淨空老法師九十年譜》參看。

在五〇年代能有照片是非常難得珍貴的，該紀念冊上的照片是依年代排序的，當翻至來台後所看到的第一張竟然就是淨空法師在一九五七年章嘉大師荼毘時所留下只有半邊臉的影像，隨即我就從章嘉大師照片檔案中找出一張同樣場景完整的正面照片，當然也立即傳給朱執行長分享了。

一九五五年六月七日，章嘉活佛從台北開始環台弘法行腳，足跡由屏東沿西海岸到達桃園等十餘縣市，歷時二十五天。

當章嘉活佛出發之後，每到一個地方皆有盛大的歡迎，大師坐在小汽車內，前面是音樂隊開道，兩邊的人群爭著看活佛，小汽車常被

▲甘珠佛爺（中）主持章嘉活佛荼毘大典。後方為敏親王大福晉撐傘者，即為淨空法師。

包圍的變龜速行駛，信徒們虔誠與熱情至今依舊為人懷念。

當同仁整理行腳照片時，也是遇到了不認識照片中人的困境。為了將歷史紀錄完整呈現，同仁依照片上的寺廟名稱上網查得電話後，在撥通的對話中，起始的反應大都是冷淡的，疑慮的口吻。所幸拜科技之賜，當將照片傳給對方後，隨即獲得熱烈回響，他們之間也互相傳閱辨識，新的訊息更是一直傳過來，他們還表示要組團來看這些照片，更請求希望能複製一份保存紀念，當然我們會應其所請而分享佛緣。

章嘉大師交涉玄奘大師靈骨來台

一九五五年十一月二十五日，玄奘靈骨抵達台北松山機場。此事件被世人認為是章嘉大師對台灣佛教的重大貢獻。接下來就讓我們從老照片說故事的角度來談談此事的始末。

▲佛爺坐車內，左前者為煮雲法師。

一九五二年九月，當章嘉大師率團參加在日本舉行的第二屆世界佛教徒大會之時，與日人高森隆介會晤，此人係於二戰時在南京發現玄奘大師靈骨，並運回日本供奉在埼玉縣慈恩寺，也成立了玄奘三藏奉讚會，經雙方討論後，確定了將部分玄奘靈骨送來台灣建塔供奉之事。

章嘉大師返台後，即展開了與日方交涉迎靈骨來台事宜，但高森先生不幸於一九五四年九月過世，因而交涉中斷。一九五五年七月二十五日，章嘉大師致函駐日大使董顯光大使，請其協助交涉早日護送玄奘靈骨來台以慰大眾之望。

從此董大使開始全力斡旋，期間與章嘉

▲章嘉大師率團參加第二屆世界佛教徒大會。

書函往來十餘封（現存章嘉大師紀念堂），最終於一九五五年十月二十七日，由章嘉具名以中國佛教會之名發邀請柬給全日本佛教會，邀請倉持秀峯等五位大德護送玄奘大師靈骨來華；十一月十日晨，全日本佛教會徵得日本外務省贊同後，即於同日午前，召開該佛教會緊急常任理事會議，決議通過將部分靈骨贈與台灣的中國佛教會。

當日僧代表團及我國奉迎代表護送靈骨抵達松山機場時，包含監察院長于右任、台灣省主席嚴家淦、台北市長高玉樹等，以及中國佛教會由章嘉大師率領二十五名執事，在停機坪飛機傍迎請靈骨下機，另在機場迎接的法師和居士共有五百人，盛況可為隆重莊嚴。機場外自動參加迎接者不下萬人，是日剛好久雨初晴，從機場到靈骨停放的善導寺，沿途兩旁居民，

▲章嘉大師在松山機場迎請玄奘大師靈骨。

▶章嘉大師與董顯光大使合影。

幾乎家家擺香桌、放鞭炮，這真的是台灣佛教徒最值得興奮的日子。這正是讓人懷念章嘉大師對台灣佛教的重大貢獻，佛哲詠淳啊！

章嘉大師在台圓寂，修建紀念堂

一九五六年十月三十一日，章嘉大師有感久病之軀健康難復，在其赴日就醫之前，即預立遺囑，當大師由日返台之後不久，於一九五七年三月四日安詳示寂，五日，由甘珠活佛及印順、演培等法師分別主持密、顯誦經後，移靈至大師的青田居供奉。

八日，移靈至善導寺，九日，蔣中正總統蒞臨致祭，十日，為信眾公祭日，十一日，由甘珠活佛誦經引火荼毘，十八日下午二時，甘珠活佛

▲章嘉大師靈龕奉安行列。

在荼毘場啟爐，並拾獲大師舍利數千顆，舍利花若干株，隨即舉行奉迎靈骨儀式，旋返青田居供奉。二〇〇四年，蒙藏委員會許志雄委員長為大師設計修建了藏式風采的紀念堂，從此佛緣長存台灣。

一代大師的故事嘎然如落幕般寂靜了嗎？不然，蒙古草原的鴻雁，依舊如候鳥準時般的翱翔在台灣的天空，大師示寂後六十五年，鴻雁的嘶鳴聲喚起了輪迴中的佛澤。有如大師遺囑的應化顯現，在「上輩所遺法寶法物」的護佑之下，「章嘉呼圖克圖精神不死」而佛法再現。

二〇二一年十二月二十一日，章嘉大師紀念堂整建後，舉行了隆重盛大的開光儀式，文化部長李永得親臨主持大典，遵循藏傳佛教莊

▲李永得部長主持開光大典的點燈儀式。

嚴儀軌的頂禮祭儀，在法螺鈴鼓銅鈸及祈福咒語聲中，完成了與眾人分享佛澤。

後記：宗喀巴牙舍利安座

在章嘉大師紀念堂開光大典時，在古樸莊嚴的傳統藏式佛堂陳設中，最為人所矚目的是新安座的宗喀巴牙舍利塔，這是尼泊爾老工匠純手工精心打造的。在典禮的前一天，特別邀請了烏金丹增仁波切依古禮裝臟，在獻果上香誦經祈福後，我與藏籍同仁索南倫珠協助仁波切先將呈方柱形的中脈（藏文：索薪，由檀木所製成的梃木）固定於塔頂的中間，再依序將經文、咒鬘、七彩寶石、藏藥、藏香、穀物等，裝臟於塔內，在封塔之前，我將一片雙龍金牌供養放入塔內，隨即完成了封塔儀式。

開光典禮的清晨，由堪祖拉尊仁波切帶領喇嘛在蒙藏文化館門前灑淨除障誦經祈福，然後到三樓的章嘉大師紀念堂開始儀典前的法會。隨後在儀式的過程之中，我先上香祭禱，再與仁波切一同開啟章嘉大師佛龕，迎出用古老藏紙摺包的宗喀巴牙舍利，然後取出用藍色哈達裹住的聖瓶，掀開紙包的牙舍利放入聖瓶裡，接著再將聖瓶安放入舍利塔的寶瓶門內。我用雙手握緊塔身圓壁，再用兩隻食指將瓶座下壓固定於藏藥所塑成的基台上，此時煙香繚繞，銅鈸法螺鈴鼓齊響，在咒語的喧誦中，我獻上藍色哈達圍繞著安放牙舍利的寶瓶塔身，在眾人眼光粼粼佛緣喜滿之下，向他們答禮致謝。

因今日儀軌程序繁複緊湊，所以決定擇日再做寶瓶門上板儀式。

二〇二二年一月七日，當備妥一切物件之後，獻供鮮果上香祈禱，我花了很多時間慢慢地修飾透明薄板的邊緣以吻合寶瓶門框，最後在佛的牽引之下完成了寶瓶門上板。最終，我依然習慣地走向佛爺的法座，雙手平撫法墊，額頂法衣磕頭請退。唵嘛呢叭咪吽。

▲章嘉大師紀念堂的宗喀巴牙舍利塔。

章嘉大師佛龕裡的秘密——德瑪之旅

二〇二一年四月十二日上午九時，章嘉大師紀念堂。

在格巴多杰仁波切率眾誦經聲中，我虔誠靜寧燃香致祭於章嘉大師佛龕之前，經二小時的藏傳佛教儀軌誦經祭拜儀式後，格巴多杰仁波切與我一同開啟大師佛龕。在當時心中極靜無礙之下，牽引出了人生大事，驚豔藏傳佛教界的聖寶臨世了，頓時驚掠空靈：

素樸的小小紙包，細細藏文寫的竟是，宗喀巴牙舍利！

真的嗎？可能嗎？仁波切眼露光彩望著我，心想佛緣既已牽引至此，就打開吧！

緣起

一九五六年，章嘉大師赴日本醫治胃疾之前，於十月三十一日預留了一份親簽的遺書。

一九五七年三月四日大師圓寂後，經當時的蒙藏委員會劉廉克委員長呈報總統府，奉蔣中正總統批：「遺書所請各點均照辦」。

筆者多年來因工作關係，為維護章嘉佛爺遺物及供奉事宜而持續不斷關注，另在研究撰寫章嘉大師事蹟時，每每對於大師遺書中所言：「上輩所遺法寶法物一併責成陳靜軒賀永慶妥為保管。」甚感疑惑。所謂「上輩所遺法寶法物」，究竟所指為何，以至需要如此殷殷囑咐呢？

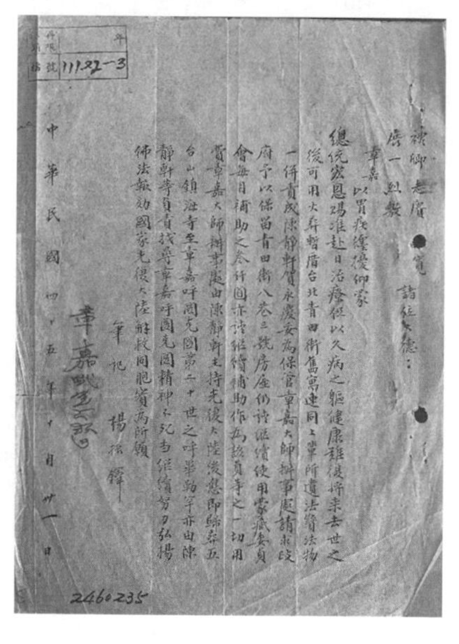
件限 年
檔號 111.22-3

[illegible]

章嘉以胃疾纏擾仰蒙
總統寵恩賜准赴日治療，但以久病之軀健康難復，將來去世之
後可用火葬，暫厝台北青田街舊寓，連同上輩所遺法寶法物
一併責成陳靜軒賀永慶妥為保管，章嘉大師辦事處請求政
府予以保留，青田街八巷三號房座仍請繼續使用，蒙藏委員
會每月補助之[illegible]亦請繼續補助作為該員等之一切用
費，章嘉大師辦事處由陳靜軒主持，光復大陸後懇即歸葬五
台山鎮海寺，至章嘉呼圖克圖第二十世之呼畢勒罕亦由陳
靜軒等負責找尋，章嘉呼圖克圖精神不死，當繼續努力弘揚
佛法報効國家，光復大陸，解救同胞，實為所願

筆記 楊振鐸

章嘉

中華民國四十五年十月廿一日

2460235

在大師圓寂之後的六十年期間，大師的遺物經過多次清點、造冊，甚至出版了《第七世章嘉大師圖錄》，然而紀錄的都是些尋常法器用品，不足以解開我心中的疑惑。

因為佛爺在一九四九年兵荒馬亂遷台之時，連國民政府冊封頒給的「護國淨覺輔教大師章嘉呼圖克圖之印」都遺失了，但其卻隨身將「上輩所遺法寶法物」攜帶珍藏至台灣，然而那是什麼呢？

當接任蒙藏文化中心主任後，藉著重新整修章嘉大師紀念堂的機會，決定再次對大師佛龕進行完整徹底的整理清點，希望能一解埋藏已久的牽掛疑惑。

章嘉世系弘揚佛法教權鼎盛之際

三世章嘉獲雍正、乾隆皇帝的恩寵信任，是藏傳佛教四聖——達賴（前藏）、班禪（後藏）、哲布尊丹巴（外蒙）、章嘉（內蒙）中，唯一被封為「大國師」者。一七三四年，雍正封章嘉為「灌頂普善廣慈大國師」後，藉派兵護送七世達賴返藏之便，章嘉也去西藏巡禮，期間赴各教派請益佛法並建立良善互信的關係，更與七世達賴和五世班禪之間關係密切。當雍正駕崩後，章嘉返京成為乾隆的佛法上師，更代行皇權處理蒙藏邊務及宗教事務。

其實早在章嘉幼年時，雍正即安排他與皇子弘曆（乾隆）伴讀，二人可謂一起學習成長，建立了非常特殊的情感，而後章嘉輔佑乾隆，兩者緊密的公私情誼長達半世紀。章嘉圓寂後，乾隆不僅為其耗費巨資建塔奉祭，更以章嘉之名赴蒙藏地區廣為佈施，如此崇隆，實屬皇恩史上罕見。

章嘉不僅是唯一非皇室宗親而特准住在皇城之內，雍正還特別賜他皇帝才可乘坐的黃幔車，皇恩浩蕩啊！當時章嘉不僅受皇室遵奉，更受人民崇信，其盛況有如下之記：「在京時，黃幔車過處，都人仕女，爭相手帕鋪途，以輪轂壓過，即為有福。」章嘉世系緜長、地位崇隆，更為所謂的「上輩所遺法寶法物」蒙上了尊貴面紗。

佛緣、牽引

清點當天，打開佛龕後，格巴多杰仁波切與我及索南倫珠編審聯手將文物依序迎出，再依編號放置桌上。首先迎出佛像、噶烏（隨身小佛龕）、小擦擦（泥塑佛像）、法本、法器、上師像等，另有一些擠放在邊角處，用古老藏紙（狼毒草製成的，藏語「Rechak」）為包材摺疊的小片件，原本仁波切並未取出，我心想，就算是一小片布、一張紙也應該要完全迎出清點，於是我們就將那些藏紙小片件全部迎放桌上，隨後依序檢視。

為求慎重，我們先依迎出順序編號，再依序清點確認聖物名稱照相登錄。因為噶烏及小擦擦年代久遠，辨識內容佛名不易，要藉加強燈光並用放大鏡端詳才完成。接著繼續的過程中，當取出由皮套保護的普巴杵（修行法器），由五彩佛巾包裹，杵身有布纏繞著，照相後準備包紮放回皮套時，我說：「請打開再看一下內容。」

在杵上端的普巴金剛頭像下緣與杵身連結處，有藏布纏繞包裹杵身，因年代久遠之故，布與杵身完整密合著了。當仁波切撥開上緣布條判讀包布上的藏文字跡「本咕嚕秋吉旺邱普巴杵來自不丹的仁增昂吉旺波的弟子第三世龍欽巴」時，竟「喔喔喔」地發出咄咄驚訝聲，並且立時將杵放置額頭誦唸咒語，因為他赫然發現，那就是傳說中的「咕嚕秋旺普巴杵」！這是寧瑪派重要的傳世伏藏聖物之寶，當然引起了同屬寧瑪派的格巴多杰仁波切驚嘆。

此時，仁波切高興的笑聲揚起：「所以我今天來是對的！」

索南倫珠也說這應該是今天的最大成就了。

接著繼續檢視，逐件打開法本包布判讀內容登

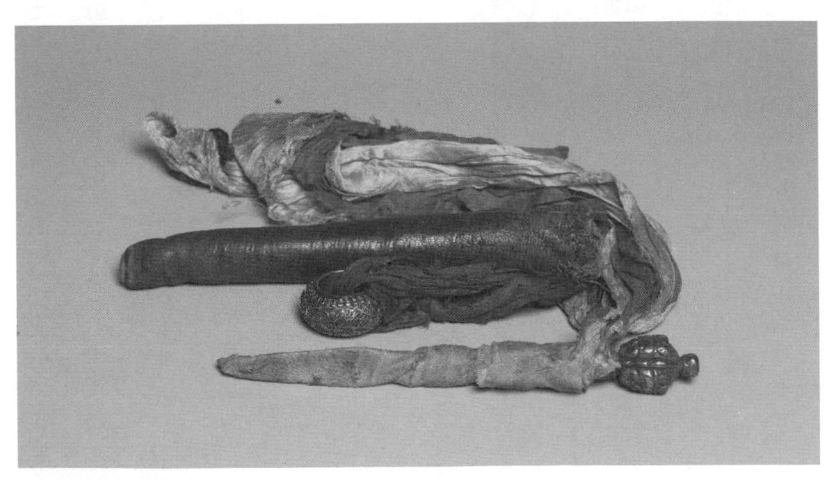

▲咕嚕秋旺普巴杵。

錄。其間夾了一小堆之前未曾編列序號的物件，摻雜有十餘個小紙片件、絲布、棉繩等，為使清點順利，故先移置桌邊待最後再處理。當檢視登錄所有已列有序號的聖物後，已是下午三點多了，此時大家心情是愉悅的。我們再將法本疊放起來，騰出空間將那一小堆物件擺放開來。

在每一件藏紙摺疊片件的上面皆有藏文註明，仁波切則一件一件的辨識說明並登錄於冊。突然，寧靜的佛堂，仁波切驀然一聲驚掠眾人：

「宗喀巴牙舍利！」

仁波切眼露光彩望著我，我心想，佛緣既已牽引至此，就打開吧！因為戴了棉手套，仁波切在打開摺紙時顯得微微顫抖，小心翼翼地攤開來，當我看到藏紅花襯托的牙舍利，頓感時空隨佛緣流轉，親手掀開時空的剎那，屈膝在地，是那麼地親近祂。

至此，「上輩所遺法寶法物」之說在我心中再無懷疑，於是決定重新將藏紙摺疊的

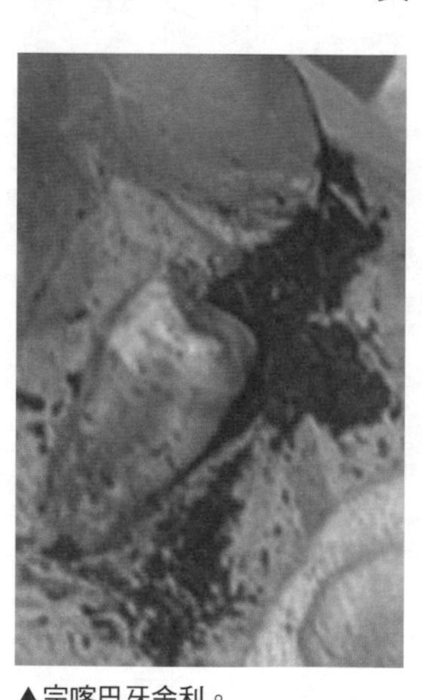

▲宗喀巴牙舍利。

聖物都編列序號並打開檢視確認。果然在一次次驚呼聲中，一件件聖物緩緩顯現於眾人之前——「宗喀巴大師法帽布片、袈裟布片、法裙流蘇」，「如來格桑嘉措（七世達賴）頭髮」、「密勒日巴禪定帶布片」、「阿底峽尊者聖衣布片」，當拿起最後一件遞給仁波切時，仁波切驚呼：「迦葉佛舍利！」最後眾人合十在仁波切的誦經聲中，我再一件件迎請仁波切安放回佛龕。

緣馥

來自溫州街新疆大院子的土爾扈特小男孩，在出生後父親抱著去請章嘉佛爺摸頭祈福並取個蒙古名。爾後，從小在佛爺的青田街故居玩耍長大，此次在佛緣牽引之下，終於完成了多年的心願，確實地保護了佛爺的遺願，妥善保管供奉「上輩所遺法寶法物」。世事流轉似有定數，感恩佛爺！感恩眾生！

▲藏紙包材正面藏文：迦葉佛舍利／拉卜楞寺住持嘉木漾協巴。背面藏文：四世所賜。

後記

此次清點佛龕內大師遺物共計有四十八件，在文化部長李永得指示下，蒙藏文化中心依文資法於八月四日召開了「第七世章嘉呼圖克圖佛龕內遺物之古物暫行分級評估會議」，本次謹先就屬性相近的十七件辦理分級作業，會中決議整批審議而不作個別評定，最終決議全數列為重要古物。於此，大師遺物將能受國家文資法妥善保護了。

▲作者與家人參拜章嘉大師新落成的佛堂，讓兒孫們了解家族歷史的傳承。由左至右，海辰、作者、李光真、海揚、林芷齡（媳婦），前排，林宇浩（外孫）、林宇漢（外孫）。

宗喀巴牙舍利之謎

二〇二一年春天，蒙藏文化中心整修七世章嘉大師紀念堂時，在佛龕中新發現了四十八件重要古物，從而印證了章嘉活佛遺書：「上輩所遺法寶法物」的存在。當我恭謹靜觀法寶法物之時，有一事不解而夜不成眠：為什麼重要的法寶法物多有記載來處，反倒至寶「宗喀巴牙舍利」卻未載記？心想佛緣浩瀚無邊，在萬千文字中，佛影何在？佛踪又何處尋索？

在這批重要古物中，有十二件是由古老藏紙（狼毒草製成，藏語「Rechak」）摺包著，藏紙上寫有內容品及來處。例如：「大迦葉佛舍利／拉卜楞寺住持嘉木漾協巴／四世所賜」。

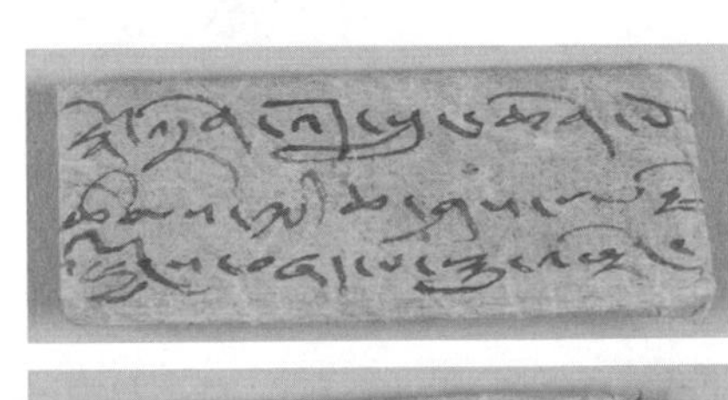

據佛經記載，我們現在所處時空稱為「賢劫」，有千佛出世，迦葉佛是賢劫千佛之第三佛（相傳是釋迦牟尼前世之師），釋迦牟尼佛是第四佛。七世紀中葉，佛教傳入西藏後，有很多佛教大師受邀由印度至西藏傳法，同時也將許多佛教聖物帶至西藏，如佛經法本、佛像法器及佛舍利，其中也包含了迦葉佛的舍利。

一代祖師宗喀巴的聖物

此次佛龕內還發現有四件屬於宗喀巴的聖物，這也是本文探討的主角：

一、宗喀巴真實牙舍利（正面藏文譯）。

二、宗喀巴大師法帽（正面藏文譯）；真實根據止貢供奉所依（反面藏文譯）。

三、宗喀巴大師真實袈裟／源自江孜（正面藏文譯）。

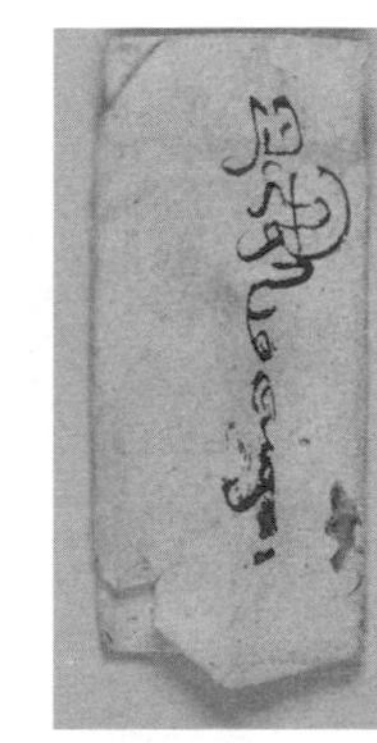

四、宗喀巴大師法裙流蘇（正面藏文譯）；楊楚搭（薩）地噶娃供奉所依（反面藏文譯）。

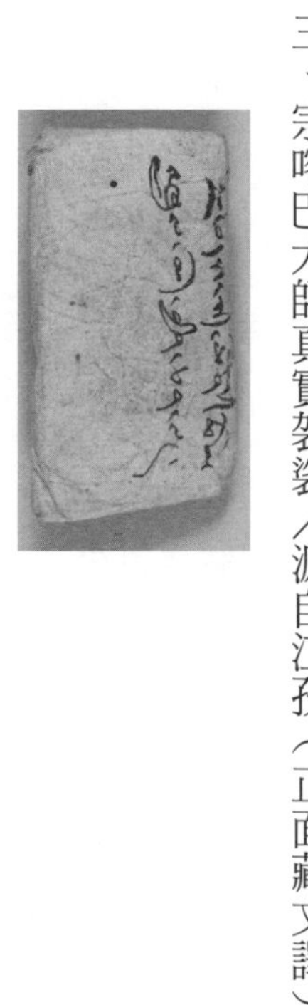

上述聖物其中三件在藏紙上皆書有內容品及來源，唯獨「宗喀巴牙舍利」未語明來源，因此引起了我探索其謎的想望。

然在浩瀚史料萬千文字中，何處可尋解惑呢？這位傳下絕世祕寶的「上輩」，又是何許人呢？或許是佛緣應允，偶然間我想到，「上輩」之謎自然要從章嘉世系中去追索，而寶物唯有德有福者才能享有，放眼歷輩章嘉活佛中，受恩寵福澤最深厚者，無疑就是三世章嘉了。

章嘉活佛與土觀活佛的關係

去年因履新而將原辦公室書櫃清空打包至今未開，現一念及此，我急忙開箱找出幾本有關章嘉的書，其中一本是土觀．洛桑却吉尼瑪著的《章嘉國師若必多吉傳》。此書原已翻閱多次，但那時心中未曾有疑，或許錯過了箇中奧妙也未可知。

根據歷史記載，章嘉活佛世系起源於印度的阿羅漢尊達，為釋迦牟尼的弟子，五世之後開始轉世於藏區，傳至十三世時，因其出生於青海互助縣紅崖子張家村，而稱其為「張家活佛」，後因康熙覺得「張家」二字不雅，欽賜改名為「章嘉」，至此開始起算為一世章嘉。其後二世章嘉入京弘法，受到康熙、雍正二位皇帝之器重，三世章嘉靈童更是從小在皇居中長大，和皇子弘曆（即乾隆）親如手足。乾隆在位期間更賜封「大國師」稱號（一七五一年），其尊寵猶在達賴之上。

一七五七年，七世達賴喇嘛圓寂，乾隆派章嘉國師赴藏尋訪並確認達賴喇嘛的呼畢勒罕（轉世靈童），此時可謂是章嘉掌握教權鼎盛之際，故在藏四年期間（一七五七至一七六〇年）受到無上的尊榮崇敬，而土觀活佛正是此次親侍章嘉左右的最重要助手。

首先談談土觀活佛與章嘉活佛的關係，就可知道土觀活佛寫章嘉傳的真實度與重要性。

從歷史淵源看，章嘉活佛與土觀活佛皆屬青海佑寧寺五大活佛世系之列，一七五七年，當章嘉為尋找八世達賴靈童，從北京出發，途次昌都，行至達則多時，拉薩方面已派員前往迎接，此時土觀活佛也一併前往迎接，在墨竹如雲的小河邊，章嘉會見了他們。因章嘉與土觀傳統上互為師徒，故此時土觀便順勢向章嘉拜師，學習密宗典籍。有了這一層朝夕奉侍請益的親密接觸，土觀所記述的章嘉行誼自然是第一手的私密史料了。

至於被藏人視為文殊菩薩化身的佛教大師宗喀巴，其佛牙的由來，則有著師徒間心法相印的深意。

宗喀巴與克主杰的師徒心子關係

宗喀巴，一三五七年出生於「宗喀」地方（即現在青海省塔爾寺所在地），出生時即有諸種異兆。三歲時，從第四世大寶法王受近事戒（居士戒）。七歲時，拜頓珠仁欽學法，而後受沙彌戒。十六歲時，受頓珠仁欽資助赴西藏學法，歷時三十年，宗喀巴努力聽受廣大教法，以及向上師盡力祈禱而得成就。四十六歲，完成了《菩提道次第廣論》，內容是顯教的教法；數年後又完成密教的《密宗道次第廣論》。在其完成重要的佛法論著，成為創立格魯派的理論基礎後，又於一四〇九年籌建甘丹寺。

「格魯」是「善規」的意思，它強調「生活講戒律、修行重道次」，因尖頂通人冠（僧帽）是黃色而被稱為黃教。從十五世紀開始，格魯派成了藏傳佛教的主流教派，除了繼承宗喀巴衣缽的大弟子賈曹傑外，另一位弟子克主杰為班禪世系之始，最小的弟子根敦珠巴則開啟了達賴世系。拉薩著名大寺如甘丹寺、哲蚌寺、色拉寺，及後藏日喀則的札什倫布寺，皆為宗喀巴師徒所創建，他們的影響力無遠弗屆，直至二十一世紀依然鼎盛，在台灣亦擁有廣大信眾。

根據歷史記載，文殊菩薩曾向宗喀巴授記說：「你將會脫落一顆牙齒，應該送給克主杰，以作為他將來弘揚教法，饒益一切眾生的瑞應。」

宗喀巴賜落牙給克主杰的經過有兩種描述，一為幻影絢麗，一為平鋪直述，但結果一致，都代表了教法的傳承：

一、某日，宗喀巴在法座上講經，眾人忽然見大師口中放出大光明，也有人視見五彩霞光，但只有克主杰、大阿主黎達瑪仁欽、持律紮巴堅參三人同時看到宗喀巴脫落一顆牙齒。霎時，大師口誦半偈云：「住妙高前如金山，施與無倫善妙汝」（善妙吉祥賢，是克主杰的正諱），隨即將落牙賜給克主杰。另一位弟子也央求大師：請您也賜給我們牙齒吧！大師回應：「因克主杰具有宿根和本尊文殊菩薩的授記，如你們也想要的話，今後七天中，只要殷勤地祈禱，我可以送一些其他的東西給你們。」

二、一四〇七年，克主杰去前藏拜見宗喀巴大師，當他們會面時，克主杰對大師說了在途中做的一個奇特的夢。大師說：「你是一個密咒方面的利根弟子，你的本尊神應是大威德金剛！」另外說了許多護持的教戒，也傳授了咒語，又請了殊勝的文殊菩薩加持法。

大師還高興地說：「克主杰將成為將全部佛法傳布到大地各方的人。」當時宗喀巴大師掉了一顆牙齒，仍十分喜悅地將掉牙賜給了克主杰，這預示了他將繼承宗喀巴大師講經說法。

宗喀巴與弟子賈曹杰、克主杰被世人尊稱為「師徒三尊」，故在甘丹寺宗喀巴靈塔前的低案上，有主供師徒三人的三尊銅質鎏像。

章嘉國師在甘丹寺的奇特故事

至於起源於印度的章嘉世系，也和格魯派頗有淵源。被追認為十世章嘉的釋迦益西，也是宗喀巴座下弟子之一。

因著這些因緣，三世章嘉入藏尋找靈童期間，也曾停駐甘丹寺。某日，章嘉國師與隨眾人員一起到宗喀巴靈塔前舉行盛大的修行供養佛事，向宗喀巴大師祈願。或許是在深切祈禱中有所應許，章嘉國師就對土觀活佛說：「據說從靈塔前的師徒三尊塑像中會出現舍利，你看看吧！」而土觀表示什麼也沒有看到。章嘉又說：「你慢慢地揭開任何一尊塑像的頂冠！」於是土觀就伸手揭開克主杰像的帽子，只聽到噹啷一聲，有幾粒舍利竟似受到召喚般地蹦出來，掉落在佛像前的供燈中！土觀拾起來獻到章嘉國師的手中，章嘉「立即珍藏起來。」

有趣的是，根據土觀活佛的自述，第二天他也按耐不住，竟獨自一人前去宗喀巴靈塔殿，希望自己也有福份可以獲賜舍利。但是他把三尊塑像的帽子都揭開了，卻連一粒舍利也沒有出現。土觀活佛直白的記敘令人莞爾，畢竟佛性不外人性，若有幸得到先輩祖師的眷顧，那怕是世人看來毫不起眼的小小舍利，都能讓自己在艱辛的求道路上走得更篤定、更有力。

不久之後，章嘉國師與隨眾告別甘丹寺，在返途中以及回到拉薩以後，章嘉國師一再地對土觀活佛說：「這次在甘丹寺居留期間，發生了一件奇特的故事。」土觀活佛認為，章嘉國師在甘丹寺一定得到了許多特別的淨樂，雖然沒有闡明，但這幾粒舍利無疑是國師此行最奧秘、最殊勝的收穫之一。

那麼，從克主杰佛像帽中蹦落的舍利究竟是什麼？

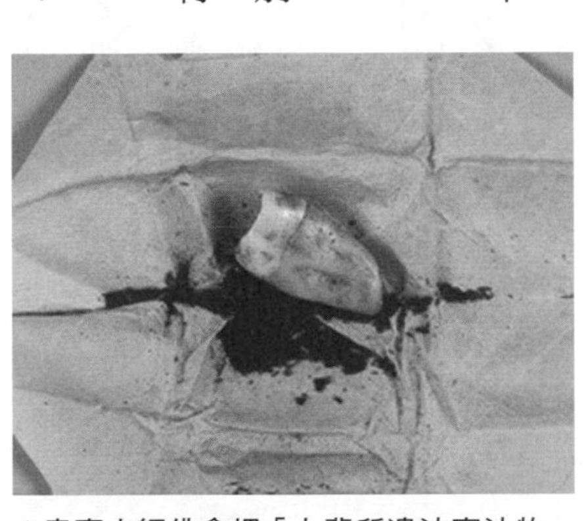

▲章嘉大師佛龕裡「上輩所遺法寶法物」中的「宗喀巴牙舍利」。

土觀活佛沒說，我們也不得而知。不過合理推測，置於佛像頂冠的舍利必然是最珍貴的，且克主杰以「心子」（得上師心法）地位獲得宗喀巴牙舍利則史書早有記載，而也只有這樣的祕寶，才能讓權傾一世、備受榮寵的章嘉國師如此激動吧？

六百年的伏藏、掘藏之緣

一四〇七年，宗喀巴將落牙賜給了心子克主杰。三百多年後，一七五八年，甘丹寺宗喀巴靈塔前，從克主杰像的帽子裡蹦出來的舍利，珍藏在了三世章嘉國師手中。故事至此還沒有結束。一九六六年，文化大革命怒潮席捲拉薩，紅衛兵小將衝入甘丹寺，一把火將宗喀巴靈塔付之一炬。如果不是當年章嘉國師動念拿取，這顆宗喀巴牙舍利想必早已埋葬在毀佛燔寺的烈焰中！

時空流轉，回到當下。二〇二一年四月十二日，因為整修七世章嘉大師紀念堂，在格巴多杰仁波切誦經祈福聲中，章嘉大師避難時貼身攜帶來台的「上輩所遺法寶法物」，終於在大師圓寂一甲子後，重新出現在世人面前。遙想藏密始祖蓮花生大師因預知佛教傳承將劫難不斷，因此在遁世前留下了「伏藏／掘藏」的佛諭，將舍利、金剛杵等寶物分藏各地，再讓有掘藏師身分的弟子，各憑福緣去發現，也讓求道之路在險阻中不時閃現希望。如今寶島喜迎寶物，這也是台灣廣大信眾潛心修行感應所得吧。祈願寶物護持台灣，讓一切圓滿都有殊勝深意。真可謂：佛緣天路法喜台灣。唵嘛呢叭咪吽。

千年伏藏——咕嚕秋旺普巴杵

在藏傳佛教的長河中，流淌著無數待解的佛諭，其中最令人想望的，就是如何在「伏藏」、「掘藏」的輪迴中，再現淨樂的霞彩。而牽動藏傳佛教寧瑪派信眾心緒的千年聖物，咕嚕秋旺普巴杵，自十七世紀後即進入「伏藏」的潛隱期，究竟何時能再現世緣？萬千信眾莫不殷切盼望。

蓮花生大師的伏藏

八世紀中葉，藏王赤松德贊邀請印度蓮花生大師入藏弘法，他創設僧團，建立西藏第一座三寶（佛、法、僧）俱全的寺院——桑耶寺，奠定了藏傳佛教的根基。然而蓮花生大師預知赤德松贊死後，其次子郎達瑪（七九九至八四二年）繼位，將會尊崇西藏原始信仰苯教，而發生「毀佛之亂」，所以在他離藏雲遊之前，預作安排以解此厄。他在各地「伏藏」

了許多佛經法本、佛像、法器、甘露等，留予後世具緣弟子「掘藏」修習之用。

相傳，蓮花生曾在不丹苯塘地方的扎瑪多杰（Drak mar dorje）洞穴裡閉關實修，在其圓滿時神變獻瑞，洞內岩壁上留下了蓮師背脊印記，爾後人稱此地為古杰（Kurjey）。古（Kur）是身體的意思，指蓮花生大士的身體，杰（jey）意為印記，合譯為「蓮師身印」，至今保存完好。當蓮師出關離開不丹前往西藏後，當地的公主緬瑪扎西瓊典（Monma tashi khyew dren）於扎瑪多杰洞穴所在地建了一座閉關中心，也就是當今的古杰寺之前身。緬瑪札西瓊典，其字義為：緬（門，大不丹地區）、瑪（女士）、扎西瓊典（法名），可稱之為「緬地的札西瓊典女修士」。

依據達香伏藏師「ཟླ་གྲགས་」所取經文寫道：緬瑪札西瓊典是先見到蓮師的空行母「意喜措佳」在當地閉關修行，由於公主經常供養蜂蜜給她，佛母感其虔敬而顯現神通，並將公主納為弟子，漸次其父親也變成信徒。當蓮師來到門國的時候，緬瑪札西瓊典自然成為他的主要弟子之一。

在十一至十四世紀之間，這個富有盛名的閉關中心，陸續有很多大成就的上師來閉關實修，其中就有以尋找、發掘法藏知名的伏藏師咕嚕秋旺（Guru Chowang，一二一二至一二七〇年）、龍欽巴大師（Long chenpa，一三〇八至一三六三年）等。

「伏藏」傳統普遍流傳在藏傳佛教各宗派間，其中又以寧瑪派特別重視。寧瑪派是藏傳佛教各教派中歷史最久的一派，亦稱之為「古派」。然而在寧瑪派伏藏、掘藏的悠久歷史中，最為世人讚頌的，就是其著名伏藏師噶瑪林巴（Karma Lingpa，一三二六至一三八六年）自西藏東南達波地區岡波達山，取得的蓮花生大師所撰寫的曠世巨著《西藏度亡經》。

咕嚕秋旺普巴杵伏藏再現

寧瑪派的咕嚕秋旺伏藏師，是五大伏藏師之王中的第二位，章嘉大師世系所珍藏的「普巴杵」，應該就是這位伏藏師所取出的伏藏聖物。

普巴杵，本是一種古印度兵器，後來演變成藏傳佛教中的重要法器。普巴杵就字義上來說，「普」指空性，「巴」是有智慧的意思。普巴二字就是空性和智慧的結合，也就是金剛薩埵（金剛持）的本性，故也稱之為金剛降魔杵。

二〇二一年四月十二日，當蒙藏文化中心同仁第一次開啟已故第七世章嘉大師佛龕時，赫然發現在藏羚羊皮套裡是一把精美的普巴杵，而杵身用長布片包裹住，布上有藏文書寫記錄，我們小心翼翼地將布片拉開攤平，因布片被杵身鐵鏽卡住了，當時因工具不夠而不敢貿然強拉怕傷到了聖物。在細讀片段紀載的文字後，讓人驚豔的確定這就是咕嚕秋旺普巴杵。但它的掘藏與流傳過程究竟如何？因未能詳讀全文而留下遺憾，當下決定待有緣之時，備妥器具將布片安全展開後，再詳讀那千年的傳說之謎。

同年八月四日，因辦理章嘉大師佛龕文物的文資審議，同樣地在完成了藏傳佛教儀軌後，第二度開啟佛龕，此次我們特別針對咕嚕秋旺普巴杵做了完整保護工作後，慢慢地將纏繞杵身的長布片拉開攤平，霎時如在高山峻谷中響起一聲雷，那牽繫寧瑪派信眾心中的千年懸念，赫然展現眼下，喜讀如次：

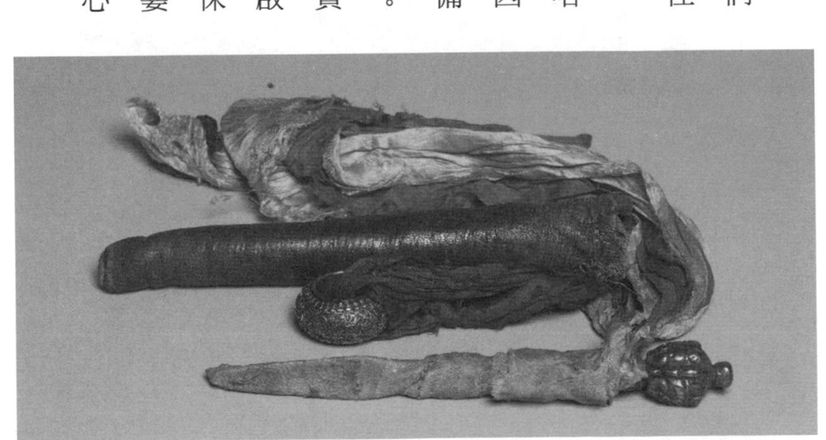

▲咕嚕秋旺普巴杵。

ཕུར་པ་འདི་ཉིད་གུ་རུ་ཆོས་ཀྱི་དབང་ཕྱུག་གིས་མོན་བུམ་ཐང་ལྷ་ཁང་གི་བསྐོར་ཁང་བྱང་སྒོ་ནས་སྤྱན་དྲངས་པ་ཕྱིས་རྡོར་བྲག་གི་ཕྱག་གི་འཁོར་ཞིང་། རིག་འཛིན་ངག་གི་དབང་པོའི་སློབ་བུ་ཤ་ཟུག་པ་ཀློང་ཆེན་གསུམ་པ་ངག་དབང་བཀྲ་ཤིས་རྣམ་རྒྱལ་ལ་བར་ཆད་སྲུང་ཕྱིར་སྩལ་བའོ།

本普巴杵是由咕嚕秋吉旺邱迎自不丹本湯寺郭康（轉經堂）北邊，後來多札仁增昂吉旺波接到手後，賜予弟子夏素巴龍欽三世昂旺札西南傑，護身除障。

這段珍貴的歷史文獻是第一次展現在世人眼前，載記了蓮花生大師伏藏的普巴杵，是如何被掘藏與流傳的經歷。文中出現有三位寧瑪派重要人名：

一、咕嚕秋吉旺邱（咕嚕秋旺，一二一二至一二七〇年）：寧瑪派著名的伏藏師，列名五大伏藏之王第二位。在《咕嚕秋旺德瑪大史》（德瑪，掘藏之意）中，伏藏師咕嚕秋旺描述了從桑耶寺聖巴羅殿的馬頭明王足下、從闊寺毗盧遮那佛像右手拇指，以及從不丹苯塘毗盧遮那佛像法座的掘藏經歷。如前所述，咕嚕秋旺曾到不丹苯塘地方的扎瑪多杰

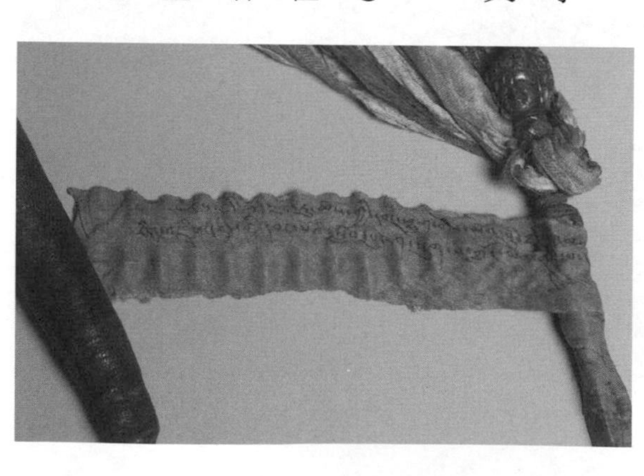

洞穴閉關中心裡閉關實修，現又有他在當地掘藏的紀錄，再經比對此次發掘的普巴杵上所載記的掘藏文字其內容是相似吻合的。

二、仁增昂吉旺波（一五八〇至一六三九年）：創建多札寺，是寧瑪派在前藏的主要寺院之一。一六一七年，當五世達賴喇嘛出生於前藏的瓊結縣（現屬西藏自治區山南市），因仁增昂吉旺波與五世達賴之前世有師徒之緣，故為其主持長壽佛灌頂及念經消災祈福法會。後來五世達賴喇嘛得到了仁增千波（尊稱）傳授所有北伏藏的教法灌頂及經文教授。五世達賴喇嘛在自傳中提到，北伏藏是最值得虔信的伏藏教法，他也親自實修過「北伏藏普巴金剛」教法，並針對該法親自撰寫有關灌頂、講解、口訣和生起與圓滿次第的著名講解文。而後，五世達賴喇嘛亦資助仁增千波修建多札寺。

三、夏素巴龍欽三世昂旺札西南傑：夏素巴札西南傑（生卒年不詳，十七世紀初）是位學者和辯論家，著作《百位伏藏師史記》是他最出名的成就，而且因為他的學識淵博被授予第三世龍欽巴的稱號。

龍欽巴何許人也，龍欽巴（一三〇八至一三六四年），是蓮花生大師以來藏傳佛教後弘期寧瑪派最偉大的上師，他也是位伏藏師，因此經常被尊稱為第二蓮師，他的著作全書共有超過兩百五十種，其中最著名有《大圓滿》全書。

德瑪之緣

當咕嚕秋旺普巴杵在因緣俱足之下，顯現於眾人眼前之時，前來主持儀軌的格巴多杰仁波切發出驚喜的笑聲：「哈哈，今天是來對了！」仁波切執起杵來給眾人摩頂祈福，在解開千年之謎的當下，淨樂的心情滿溢在章嘉大師的佛堂裡，我虔誠喜悅地將普巴杵插回那精美的藏羚羊皮鞘裡，然後恭謹的安放回佛龕裡。德瑪之緣。

甘珠佛爺的大法印

對蒙古人來說，這顆面般的印記，像一道刻在心尖上的狼痕。

緣起

一九八七年，陽光燦爛的初春，筆者陪同來自故鄉蒙古的古魯迪瓦仁波切赴新店甘珠精舍，參拜五世甘珠佛爺全身舍利像，受到精舍弟子及信眾熱情歡迎，佛爺的管事蔣女士頂禮膜拜，並稱佛爺生前留言，「故鄉的大佛爺會來！」如

▲甘珠佛爺全身舍利銅像。

今終於盼到了。

古魯迪瓦仁波切在完成一切參拜法儀後，在僧眾的祝願期盼下允諾，「我會再來！」隨後赴我父親海玉祥家中午餐話家常，談到甘珠佛爺如何地受到各地蒙古人的敬仰及追思。家父亦說明當年與同為蒙籍國大代表的杜固爾，如何一同協助甘珠佛爺的弟弟貢楚格策登完成佛爺身後事的種種。其中一段最令我記憶深刻的是，佛爺的弟弟願意讓信徒們在那棟美麗花園式的甘珠精舍裡繼續護衛佛爺、延續法源，而他自己只願能好好珍藏甘珠佛爺的大法印，此舉令人感念無限佛緣永存蒙古人心中。

▲蔣隆隆女士、覺安慈仁、古魯迪瓦仁波切、作者海中雄（由左至右）1987 年 3 月 7 日攝於甘珠精舍。

甘珠佛爺的大法印，印文「圓通善慧・甘珠爾瓦・墨爾根・呼圖克圖印」，印座高七・八公分，寬七・八公分，高兩公分。其橢圓柱紐頂直徑二・五公分，寬一・五公分，高九公分，重量一・八公斤。

印面為蒙、漢、藏文並列，印座背面右邊刻「圓通善慧甘珠爾瓦墨爾根呼圖克圖印」，左邊刻「政事堂印鑄局造」。另印座右側刻「中華民國三年六月某日」，左側刻「華字第一百四十七號」。

佛爺的大法印，乍看和一般制式官印無異，但細看之下會發現，法印上除

此印的印文如下：

右半為蒙文：BYKY NEBTERKEI SAIN SECEN GANJUURB-A MERGEN XUTUGTU IIN TAMAGA

中間為中文：圓通善慧甘珠爾瓦墨爾根呼圖克圖印

其正中一行九疊篆：民國三年補鑄

左半為藏文：KHE CHOG GEWE YESHE KANGYUR MURGE HUTUKTU YI TAMKA

了全銜「圓通善慧．甘珠爾瓦．墨爾根．呼圖克圖」外，印文中間竟嵌有「民國三年補鑄」六個字，不僅破壞了法印的威儀，更是歷代官印中前所未見的。佛爺地位尊榮，怎麼可能遺失法印？既准補發，又為什麼要烙下這猶如黥面的六個字？這背後有著什麼不為人知的曲折呢？

故事還得話說從頭

在未受封為活佛前，一世甘珠即已在蒙古傳法，因皈依者眾多而建了阿林寺。清康熙皇帝對一世甘珠也極為欣賞，不僅賜其「呼畢勒罕」（蒙語，即「轉世化身」，其法統可藉由轉世代代相傳），更敕封他為「甘珠爾瓦」，意為「精通甘珠爾經藏和律藏的人」，亦即「興教善知識聰明靈感法王」。

根據《欽定大清會典事例》，雍正元年，甘珠又蒙加封「諾們汗」（諾們汗為「經王」的意思），由禮部頒發的印信文字是：「澄仁禪師．甘珠爾瓦．諾們汗」。這就是甘珠爾瓦活佛世系第一位呼畢勒罕的源起。

一世甘珠爾瓦佛爺圓寂後，他的法印法器都奉旨由弟子們收存，及至乾隆二十一年，二世呼畢勒罕長大至二十三歲時，才奉旨准給前世的敕印，開始行使職權。

之後在嘉慶年間，皇帝又賜給三世甘珠爾瓦活佛銀印一方，並將多倫諾爾一座近二百間房屋的公主別墅「心慧寺」賜給他，可見清帝對甘珠爾瓦一系的器重。

一九一二年十月，民國肇始，四世甘珠佛爺率先響應民主、翊贊共和，為此，袁世凱大總統特別在「諾們汗」尊號上，再加頒「墨爾根・呼圖克圖」（「呼圖克圖」即「聖者」，代表喇嘛的最高位階），同時頒發了有蒙、漢、藏三種文字，刻著「圓通善慧・甘珠爾瓦・墨爾根・呼圖克圖」的銀印一顆，並賜賞帶嗉貂掛和一萬銀元。

為了受封，四世甘珠佛爺必須前去北京，因此亦得受邀參加國慶大典，甘珠活佛與章嘉活佛是唯二受邀參加中華民國建國首次國慶大典的內蒙古活佛。也因甘珠爾瓦世系由「諾們汗」晉升為最高級別的「呼圖克圖」，他因此被稱為第四世甘珠爾瓦・呼圖克圖。

又由於此時七世章嘉活佛的轉世靈童年僅十歲，還不能行使職權，急於穩定蒙古政教民心的袁世凱，遂將一向由章嘉活佛一系掌理、代表內蒙古最高宗教行政機構的「喇嘛印務處」交付給甘珠佛爺，沒想到因此造成兩位活佛弟子間的心結，更埋下四世甘珠活佛遇害的導火線。

一九一三年七月十三日凌晨，甘珠佛爺在史稱「內蒙古牛兒年事件」中遇害罹難。當時蒙古民情沸騰、舉國震動，之後卻在種種原因下湮滅無人聞問。筆者睹「印」生疑，整理耙梳，追溯出事件始末如下：

一九一一年，革命烽火四起、中土局勢動盪，早已有心脫離中國的外蒙古見機不可失，於是在十二月二十八日宣佈獨立，由外蒙古宗教領袖哲佛——哲布尊丹巴．呼圖克圖——登基稱帝。

一九一二年三月十日，袁世凱就任中華民國臨時大總統。八月二十一日，袁世凱頒布「蒙古待遇條例」。九月二十日，公布了「加進實讚共和之蒙古各札薩克王公封爵的命令」，對歸順者給予尊寵。

一九一二年八月，甘珠活佛上書袁世凱擁護共和。十月，甘珠活佛赴北京參加國慶大典、受頒法號與銀印，並接掌喇嘛印務處，成為內蒙古最高的宗教領袖。但不久他就辭去這個職務，離開了當時的內蒙古政教中心多倫諾爾，移居到三十哩外的昭蘇乃木城新寺院，並與剛剛宣布獨立的外蒙古接觸頻繁。這個舉動被北洋軍隊認為是叛離中國、以行動支持哲佛建立大蒙古國的表態。

一九一二年十一月三日，外蒙古與俄國簽訂「蒙俄協議」，在協議中俄國允諾將對蒙古提供軍事援助。另外，已稱帝的哲佛也頒布「致內蒙古王公八項優待條件」以爭取高僧貴冑支持獨立。因此在建立大蒙古國的號召下，內蒙古的四十九旗中，有三十五旗對建立內外蒙古統一的大蒙古國表達了擁護支持。

一九一三年一月二十四日，蒙古國政府批准了出兵「收復」內蒙古的計畫。遠征軍分三路進攻，由主要的中路軍負責進攻多倫諾爾，該地主要寺廟彙宗寺的那音巧爾吉活佛起兵相助，甘珠佛爺也提供相關軍情。另一方面，章嘉活佛的弟子們則持異議，不願涉險捲入統獨之爭，甚至還向北洋政府揭發告密。

遠征軍進兵內蒙古期間，極受尊敬的活佛嘉享尊・呼圖克圖（Jakhantzun Khutughtu）擔任了一支軍隊的統帥，還和甘珠佛爺會過面。另外在七月初，蒙古的兩位將領希倫將軍（Shirun jangjun）和那木色賴・巴圖爾（Namsarai bator）帶著一些騎兵到了昭蘇乃木城的寺院，這兩位外蒙將軍，本來就是甘珠佛爺的檀越（施主），與佛爺交誼頗深。

一九一三年七月十三日，中路軍先頭部隊在那木色賴的率領下，到達昭蘇乃木城附近。北洋政府的多倫諾爾守軍主動出擊與蒙軍激戰，甘珠活佛勸那木色賴將軍突圍撤離，自己則在寺廟後倉的閣樓上目送遠望。不料此時卻被破寺追擊而來的北洋軍官高青山尋獲。

據說，高青山問四世甘珠活佛：「你是活佛，前知五百年，後知五百年，你可知道自己什麼時候死嗎？」說完後就把活佛槍殺了！

活佛殉難，寺廟遭劫掠焚燬，佛爺的法印也被毀棄，北洋軍的暴行引發蒙古民眾群情激憤，遠征軍也去而復返，對內蒙古境內的北洋軍隊據點展開報復性的猛烈攻擊。

另外需提一下的是，當多倫諾爾鎮守使王懷慶襲退蒙古遠征軍後，張家口都統田中玉以談判為名，將彙宗寺那音巧爾吉活佛誘至張家口處死，那音巧爾吉活佛的世系至此斷絕。

一九一三年十一月五日，中俄兩國簽署「中俄聲明文件」，俄國承認中國對外蒙古的宗主權，中國也承認俄國在外蒙古的各項特殊權利。蒙古遠征軍失去俄國的軍事援助後，節節敗退回到庫倫，不僅大蒙古國的夢想幻滅，更導致外蒙古被撤銷獨立改為自治，重新納入中國版圖。

「牛兒年之亂」雖告落幕，但內蒙古民眾對活佛之死仍憤懣難平。究竟四世佛爺是受誣告構陷，無辜捲入而遇害？他對大蒙古建國運動，是僅懷民族情感，提供客觀建言？還是以行動實際支持？儘管眾說紛紜，但無論如何，粗暴槍殺活佛，本身就是一件無可饒恕的罪行，也讓蒙漢關係裂痕日深。

為了安撫民心，北洋政府祭出多項懷柔補償措施，包括政府為四世甘珠爾瓦・呼圖克圖舉喪致哀，另將多倫諾爾鎮守使王懷慶降調閒職，並將高青山免職永不錄用，還勒令他在臂上佩戴黑紗，為甘珠活佛穿孝，同時撥發三萬銀圓，作為昭蘇乃木城寺院修復的費用。最後，為了安撫活佛的弟子信眾，北洋政府史無前例地在當事人往生後補鑄頒發新官印，讓甘珠爾瓦・呼圖克圖世系的法統傳承不墜，以避免如那音巧爾吉活佛世系的滅佛事件重演。

袁世凱政府的懷柔措施看似誠意十足，但實際結果又是如何？

首先，被降調閒職的多倫諾爾鎮守使王懷慶，在隔年九月十五日即調升更好的位置——冀南鎮守使，明降暗升，似懲實褒。接著，牛兒年之亂的結果，是國民政府給多倫諾爾彙宗寺的補助金，由每年一萬兩千一百二十二銀圓減為六千四百銀圓。

最暗藏心機的，則是一九一四年六月，由政事堂印鑄局負責的「圓通善慧・甘珠爾瓦・墨爾根・呼圖克圖印」新造完成，但在官銜印文正中間，卻如利刃般插入了六個九疊篆字體「民國三年補鑄」，對應一九四九年章嘉活佛來台後補發的法印，印面印座完全沒有「補鑄」等字樣，更突顯這六個字的羞辱、示警意味，暗示北洋政府仍然介懷，也警告蒙古人民莫再造次。

然而，對更多蒙古人來說，這黥面般的印記，毋寧像似遨翔天際的海東青，也像一道刻在蒙古人心尖上的狼痕，是紀念四世甘珠佛爺庇護草原人民的聖蹟，也映照出活佛願與民族同悲、與眾生共苦的大願。縱使佛爺不在了，只要法統猶存、法印猶在，信仰和希望就不會消失。也就是在這樣的殷盼下，五世甘珠佛爺接續法統，撫慰了信眾，也讓傷痕漸漸弭平。

一九一四年六月，甘珠爾瓦活佛遇害後一年，其轉世靈童出生，並在一九一六年經認證後，在青海安多藏區的色爾呼大寺舉行坐床大典，成為五世甘珠爾瓦活佛。

一九二四年二月，年當十歲的五世甘珠離開色爾呼寺，要到他先世們經常駐錫的內蒙古五當召學經。途經包頭暫住時，一位從五當召來歡迎他們的喇嘛給了建議，佛爺於是決定先赴北京，把官方聯繫打點周延之後，再到五當召靜心學經。

到達北京後，由貢桑諾爾布親王陪同去拜會了曹錕大總統，也因為貢王爺的建議，曹大總統將「甘珠爾瓦・諾們汗・呼圖克圖」的法號正式頒贈給五世甘珠活佛。

一九二九年，佛爺十六歲，依循舊例接管了前世活佛的一切經書典籍，以及所屬的兩百多座寺院；二十歲又正式主持和寺務有關的行政。在這以前，一切都是由寺廟僧職以他的名義執行的。

一九四五年二戰末期，當蘇蒙聯軍以對日本宣戰為名，兵臨內蒙古多倫諾爾附近時，甘珠佛爺因懼怕蘇蒙聯軍施行共產主義無神論、消滅喇嘛的行為，於是率弟子們離開了多倫諾爾彙宗寺。

紅軍入侵多倫諾爾後，佛爺的寺庫被毀，歷朝歷代敕封的官印文書都佚失了，唯獨袁世凱大總統頒贈補鑄的「圓通善慧・甘珠爾瓦・墨爾根・呼圖克圖」銀印，一直由五世甘珠佛爺隨身珍藏，並在一九四九年隨佛爺攜至台灣。

對佛爺來說，官印是中央政府授予權力的憑證，也是行使職權的依據。在其自述的傳記中，就屢屢提及先世們獲頒法印的事蹟。然而，對於他手中的這顆銀印，以及前世銀印被焚燬、補鑄的傷痛過往，佛爺並沒有留下隻字片語。

然而，五世甘珠活佛的民族情懷，仍可從其自述中，對班禪大師的評價中窺得端倪：

一九三三年，內蒙古德王在百靈廟發起「內蒙古自治運動」，曾得到班禪大師的有力支持。班禪大師雖然對內蒙古自治沒有直接議論表態，但由於他長年駐錫百齡廟，追隨者眾多，這些信眾自然都成了自治運動的助陣者。等自治運動基礎穩固後，班禪大師才轉赴五當召。班禪大師沉穩相助自治，他在蒙古的人望也因而提高，這是大師高明的地方。

結語——緣靜．緣綺

一九五七年甘珠佛爺主持了章嘉大師喪葬中的一切法儀。

一九四九年，五世甘珠活佛與七世章嘉活佛皆遷居台北，兩位佛爺久別重逢，過往的紛擾已經遠

▲ 1957 年甘珠佛爺主持了章嘉大師喪葬中的一切法儀。

去，他們常常見面，可謂佛緣相聚自在祥和。一九五七年三月四日，章嘉・呼圖克圖在台北圓寂，由甘珠爾瓦・呼圖克圖為他主持了喪葬中的一切法儀。不久甘珠佛爺更接替章嘉大師，當選為中國佛教會的理事長。

五世甘珠佛爺於一九七八年六月十三日（農曆五月八日）圓寂，六月二十九日于北投法雨寺的靈塔前舉行荼毘儀式，這場火足足燒了五天五夜才熄滅，到了第七天，由他的弟子廣定法師舉行開塔拾骨及舍利子儀式，開塔的剎那，信眾都當場愣住了，因為甘珠佛爺的遺體並沒有因火化而嚴重受損，仍保有大致的模樣！

甘珠佛爺火燒不壞的奇蹟，在佛教界引起了極大的轟動。佛爺的弟子們為了保存甘珠佛爺肉身全身舍利的完整，於是邀請當代台灣雕刻大師楊英風、朱銘，聯手雕刻銅像包覆，然後供奉在

▲甘珠活佛主持章嘉大師圓寂法儀後，與蒙古鄉親海玉祥（國大代表，左一）、魯旦巴喇嘛（左二）、陳靜軒（章嘉大師副官，右二）、杜固爾（國大代表，右一）合影。

新店甘珠精舍裡。佛爺的弟弟貢楚格策登在辦完佛爺的身後事，留下弟子在精舍護持，自己只帶走佛爺的大法印，後來他搬離台北至離島澎湖居住，最後又移居至北投普濟寺。緣此。

▲整修前的新店甘珠精舍。

十四世達賴喇嘛坐床大典經費的歷史之謎

一九四三年六月四日，西康省政府秘書長張為炯發了一封電報給行政院蒙藏委員會駐藏辦事處孔處長，請他轉譯藏文後告知「噶廈」（西藏政府）：「布西白馬來康稱奉貴噶廈命代收中樞餽贈達賴活佛法幣四十萬元購茶運藏，現西藏駐京辦事處已將此款陸續匯來，可否悉數交白馬代收，盼即電復。」

二〇二一年冬季，當作者在籌編準備出版《蒙藏委員會駐藏辦事處檔案選編（十五）》（以下簡稱「駐藏檔」）時，看到了這份電文，頓感驚詫，一九四〇年蒙藏會委員長吳忠信入藏主持達賴坐床大典一案，不是已圓滿順利載入史冊了嗎，怎麼三年後還在餘波盪漾呢？當時國民政府已撥付達賴喇嘛「補助坐床費」四十萬元，又哪來一筆四十萬元的「餽贈／購茶」費呢？

首先介紹一下《駐藏檔（十五）》：一九四九年國府潰敗，蒙藏會駐藏辦事處在準備撤離拉薩時，將所有的檔案清點、分類、裝訂、彌封、打包，完整地運到台灣，多年來已陸續出版了十四輯。蒙藏會併入文化部後，又出版了第十五輯，其中收錄了一批未曾公開的檔案，包括六個類別的專檔：一、達賴坐床經費案。二、班禪轉世案。三、駐京代表案。四、中央與藏局來往函電案。五、拉薩小學案。六、慶祝蔣主席壽辰。

每份專檔都是用一張大的傳統藏紙（狼毒草製成，可防蟲）包裹著用細棉線裝訂好的檔案，然後在外包的藏紙上註明檔名。以「達賴坐床經費案」為例，裝訂好的檔案封面寫：捐助達賴坐床經費；翻開封面接著夾有一張長紙片寫：達賴坐床補助費案共計拾壹件。此份專檔內容的時間，從一九四〇年四月六日至一九四三年六月四日。之後，直到駐藏辦事處撤離到台灣之前，沒有任何關於坐床經費的訊息了。

「達賴轉世係西藏用錢買來」？

為了解惑，我開始翻找資料，不意卻在一篇研究論文中，讀到了這驚世駭俗又極端敏感的一句話。這話從何而來？應該做何解釋？又是否能從這本新編纂的駐藏檔案裡找到答案？

首先談談該事件的背景

十四世達賴喇嘛在一九六二年出版的藏文自傳《我的土地，我的人民》中說：「在沒有批准我去拉薩之前，馬步芳勒索西藏政府的代表，要求他們拿出十萬塊大洋，才肯放我

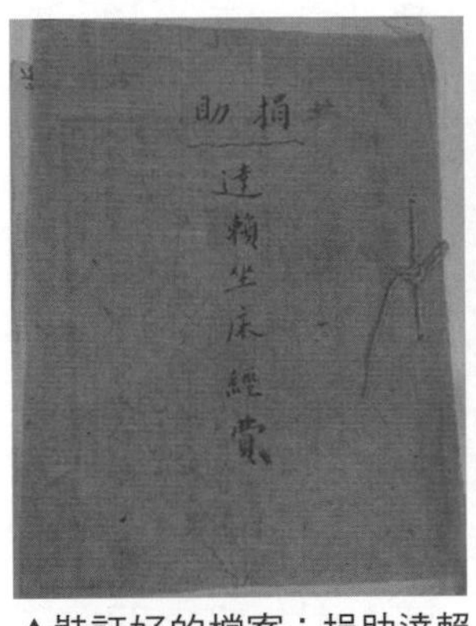

▲裝訂好的檔案：捐助達賴坐床經費。

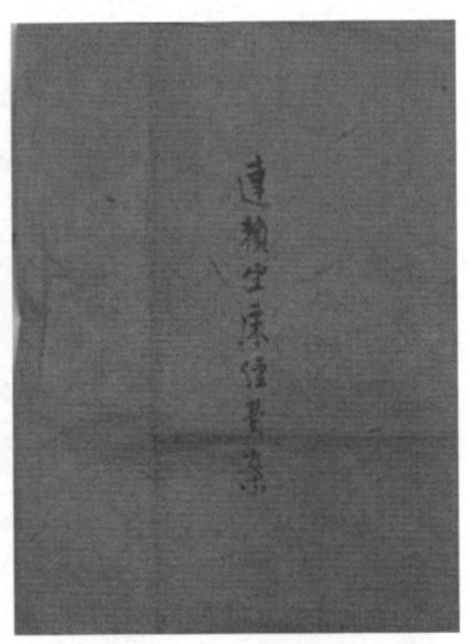
▲用傳統藏紙包裹著達賴坐床經費案專檔。

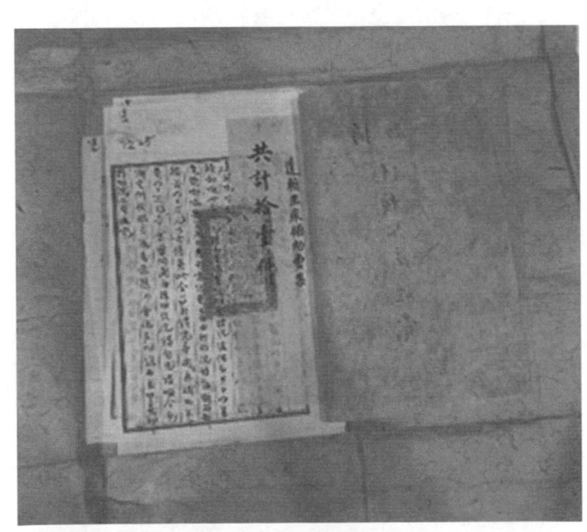

▲達賴坐床補助費案，共計拾壹件。

走。這是一筆巨款，雖說他沒有任何理由如此敲詐，但西藏政府的代表還是支付了他。不過，他又加碼，要三十萬塊大洋。」（茨仁拉姆譯，二〇一九）

也就是說，當年西藏政府欲迎接年僅兩歲的達賴喇嘛轉世靈童去拉薩，卻遭到軍閥馬步芳的強行勒索，經過冗長折衝，最後還是付足了四十萬大洋贖金，才讓靈童脫困離開。達賴對這段幼年往事或許不復記憶，但這傷痕顯然深深刻在藏人心中。

當年西藏政府從開始尋找十四世達賴喇嘛轉世靈童，到迎接靈童至拉薩坐床，期間經過了五年的時間，在此先闡述這段艱苦且複雜的過程。

一九三三年十二月十七日，十三世達賴喇嘛圓寂。次年一月二十四日，西藏國民大會選出熱振活佛為攝政，負責綜理西藏政教事務，直至達賴喇嘛轉世靈童坐床後，年滿十八歲親政為止。一九三五年，熱振攝政開始了尋找轉世靈童的工作。首先依古老傳統，向國家神諭師和博學的喇嘛，請教轉世靈童可能出現的方向；接著攝政前往拉薩東南方向約九十英里的「聖湖」拉姆拉措進行觀湖。西藏人相信從聖湖水裡可以看到未來，這就是藏密中最重要且最神秘的觀湖儀式。在攝政祈禱禪坐觀湖數日之後，觀望到了一些幻象，而這些幻象景致被詳細記錄下來並嚴密封存了。

一九三六年夏天，西藏政府派出了數個由高僧和官員們組成的尋訪團，攜帶攝政的觀湖紀錄，前往西藏各地尋找攝政觀湖時所幻見的景致。一年過後，在一九三七年冬季時，其中一個尋訪團到達漢藏雜居的青海多康地區時，看到了符合攝政觀湖的幻象景致：一座翠綠色和金色屋頂的寺院——塔爾寺，也看到了在塔澤村有一座鋪了藍色石瓦的房屋。接著有了更關鍵的訊息——那戶人家有一位快兩歲的男童，拉木登珠。

當尋訪團到這戶人家拜訪時，因如此大的陣仗，讓拉木登珠的父母意識到，兒子有可能是位轉世喇嘛。果然在多方測試下，這個小男孩都能精準無誤地指認出十三世達賴喇嘛使用過的黑色念珠、鞀鼓、拐杖，更讓尋訪團信心大振。

測試之外，據說十三世達賴喇嘛當年從中國內地返回西藏、路經此地時，曾「注視著拉木登珠出生的房子，讚美那是一座美麗的居所。」這項前世留下的重要線索，更讓尋訪團確信找到了達賴喇嘛的轉世靈童。他們用電報將詳細情形向拉薩彙報了。當然不久之後，西藏政府下令護送靈童返回拉薩。

錢、權、人的三角拉鋸

從青海到西藏路途艱險，而且當時抗戰氣氛緊張，沿途設有層層路障把關，大隊人馬行走，必須得到當地政府准許，這就讓時任青海省主席、長年稱霸西北的軍閥馬步芳有了介入的機會。他藉「照管」之名，將靈童強行留置在塔爾寺，隨即開口向西藏政府索取十萬大洋，否則不肯放人。西藏政府無奈之下只能付錢消災，沒想到馬步芳收了錢，卻還是多方推遲不放人。

馬步芳為什麼不放人？這就要說到事件的第三方——國民政府了。

一九三八年初，在重慶的國民政府也從側面得知，達賴轉世靈童已在青海找到了，且靈童已被馬步芳留置在西寧塔爾寺接受「照管」。西藏政府未在第一時間向名義上的中樞統治者報告，這對國民政府來說，不僅威望盡失，如果不妥善處理，更有可能從此失去對西藏的主權。茲事體大，逼得國民政府不得不立刻出手，威迫利誘，只求把西藏牢牢抓回手裡。

一九三八年三月三十一日，蔣鼎文（時任國府軍事委員會委員長西安行營主任）電告蒙藏會有關「新達賴喇嘛行將秘密返藏」之事。蒙藏會隨即於四月二十六日上呈行政院：「擬請鈞院令飭青海省政府嚴密注意，……嚴防其秘密迎返西藏。」五月一日，行政院電令馬步芳對達賴轉世靈童之事，「嚴密注意、以免意外」。

馬步芳的勒贖和國府的指令，孰先孰後難以確知，但在飽受刁難碰壁後，西藏政府體認到，沒有國府的同意，馬步芳是不會放人的，為了迎回靈童，藏方只能放低姿態。

九月二十三日，噶廈當局致電國民政府，說明了尋訪靈童的經過，以及未來將如何認定轉世：「依照西藏宗教儀式，所尋選之幼童應聚集西藏，降鸞掣簽，認定真正達賴之轉世，既多靈異後，復經莊嚴之金本巴瓶內典禮拈定。」並請國府協助，將其在青海尋得的靈童送至西藏。

所謂「金瓶掣簽」，是指當靈童不只一位，以致西藏各派系、貴族相持不下時，須由有威望的活佛以降乩、抽籤等方式來決定。到了清乾隆時，更明訂掣簽需用御賜金瓶，且須有駐藏大臣在場認證才行。當時的蒙藏會委員長吳忠信正是掌握到了藏方電文中的「降鸞掣簽」、「金本巴瓶內典禮拈定」兩項重點，並認為「西藏對中央關係，近三十年來均甚疏隔，極應乘機予以調整」，於是擬定了「掣簽辦法三項」，呈報後經行政院院會決議，

「案關重要，應由蒙藏委員會先與藏方商洽，再行呈院核定。」

此時轉世靈童仍在馬步芳「照管」之下，吳忠信可謂有恃無恐，故在與藏方商洽時，即已設下條件——藏方必須先同意國府人員參與掣簽事宜後，才准予轉世靈童赴藏。他還於十二月三日致電馬步芳，就靈童照管一事，請他在行政院核定發布掣簽典禮事宜命令後，「方可放行」。

十二月十八日，西藏政府來電同意了「掣簽辦法三項」的第三項「國民政府特派蒙藏委員會委員長會同熱振呼圖克圖主持第十四輩達賴喇嘛掣簽事宜，並得由該委員長指派代表就近辦理之。」，並表明希望指派當時的駐藏諮議張威白就近辦理，同時再次請求將青海靈童早日送達西藏。蒙藏會隨即呈報行政院並獲院會通過，但為了強化主權宣示的效果，吳忠信仍然請纓親自前往。十二月二十八日，國府發布命令：「特派蒙藏委員會委員長吳忠信會同熱振呼圖克圖主持第十四輩達賴喇嘛轉世事宜。」本案至此似乎暫告一段落。

因為冬季嚴寒，由青海赴西藏的路途艱險，所以藏方迎接靈童之事，將於翌年開春之後進行。然而，當馬步芳知道西藏政府同意了國府參與達賴轉世事宜後，竟又得寸進尺，一九三九年三月五日，馬步芳以藏方須支付在當地尋找靈童的費用為名，再次索要三十萬大洋，這如晴天霹靂般的獅子大開口，令藏方難以支付。當時傳出噶廈當局向英國求援借款，但似乎也沒有下文。

其實這筆贖款三十萬元，對國府而言是小事一樁，因為後來國府核定給吳忠信辦理達賴坐床案的經費是五十萬元，還外加二萬英鎊。那麼，吳忠信為什麼不肯及時伸手協助呢？

究其關鍵，整件事既圍繞「西藏要人、馬步芳要錢、國府要權」而來，其中主權的鞏固尤其複雜、需要更多權謀，為了怕靈童脫困後局勢有變，國民政府需要掌握更多籌碼才放心。

因此，面對馬步芳的無理勒贖，藏方向吳忠信表達了強烈的不滿，但吳的態度卻是消極、不置可否的。因為吳忠信對自己能否親身赴藏主持大典還無法確定，故有意利用藏方在面對鉅額贖款焦頭爛額之際，逼迫藏方做更多讓步。他在呈報給蔣介石的電文中建議「靜觀其變」，蔣介石也同意了。

一九三九年三月七日，吳忠信致孔祥熙轉呈蔣介石函，蔣批示：「藉護送靈童入藏機會，派員前往監督主持掣簽大典，收回對西藏實權亦為必要。」三月二十九日，蒙藏會致函藏方，表達吳忠信將親身入藏主持達賴轉世之意，亦即吳將以中央大員身分入藏行使主權，接下來就看藏方如何表態了。

重重壓力下，誠如蒙藏會駐藏諮議張威白所言：「蓋藏方因盼靈兒速來而歡迎委座」，為了讓新達賴順利坐床，藏方只得應允。四月二十三日，蒙藏會接到西藏駐京辦事處轉來噶廈的電文：「現吳委員長既擬親蒞拉薩，藏方因中藏情感日益融洽起見，極表歡迎。祈速轉請吳委員長由海道入藏。但在未動身之前，務懇中央電知西寧紀倉佛等速送靈兒起程入藏，並請吳委員長決定首途日期，先為電告。」至此已可確定吳忠信入藏之議，中央於是告知馬步芳可以放人了。

但上述電文卻內含二個待解的疑慮：一、看似表達了歡迎吳忠信，但又請由海道入藏，而海道需經印度（當時為英國屬地），所以需取得英方簽證，故似有預設障礙之嫌。二、請速送靈兒啟程入藏後，再來協商吳的入藏日期，也就是說，靈童不脫困，一切免談。

然而，雖然中央已下令馬步芳放人，但馬仍堅持要拿到三十萬贖金，且態度強硬，即使吳忠信展開斡旋，請託各方大老幫忙，馬步芳仍然不鬆手。

這場錢、人、權互相掐脖子的三角連環套，最終還是靠蔣介石出手，局勢才有了轉圜。

蔣介石認為主權既已獲藏方認可，則青海靈童赴藏之事至為重要，於六月五日，下令蒙藏會務必辦到，若馬步芳藉故一再遷延，「可商請馬主席將靈童送來中央，再由中央派員將靈童護送入藏。」蔣介石出面搶人，強悍如馬步芳，也不得不迂迴退讓。

十天後，六月十五日，馬步芳致電吳忠信，表示藏方已經付錢，故定於七月初護送靈童由青海動身入藏，還順便又敲了國府一筆十萬元的「護送費」！

那麼，贖金三十萬大洋是誰出的呢？原來是由青海大茶商馬輔臣代為墊付，等他率團去麥加朝聖、路經拉薩時，再由西藏政府歸還。青海馬家都是信奉伊斯蘭教的回民，之所以出面相助，應該是經過馬步芳授意，也就是從「先拿錢再放人」改成「先放人再拿錢」（押送靈童赴藏取贖）。如此一來，既給了蔣介石面子，又一毛錢沒少收，還倒賺十萬元「護送費」，作風狠辣，果然是一方霸主。

一九三九年七月十五日，在馬步芳派衛隊護送下，尋訪團人員、靈童與父母親屬，還有馬輔臣率領的麥加朝聖團，動身離開青海赴拉薩。當馬輔臣到達拉薩時，西藏政府歸還了其代墊的三十二萬九千大洋，折算為二十六萬餘印度盧比。

在此應當敘述一下，西藏政府在財政極度艱困之下，如何攤平在青海被勒贖的四十萬大洋。當時西藏政府的稅收現款為盧比及藏銀，年收入約一百萬盧比。其中最主要是每年藏羊毛輸往印度，關稅收入有二十四萬盧比。此時因達賴喇嘛坐床，政費支出浩大，西藏政府將藏羊毛輸印關稅由原來每馱一盧比調升為二盧比，如此大大緩解了財政壓力，卻也造成藏民的不滿，並為後來「錢事」的持續發酵埋下伏筆。

當達賴轉世靈童於七月中旬啟程赴藏後，馬步芳退場，接下來的戲碼，就是吳忠信委員長如何入藏，代表國民政府行使主權了。

依照西藏政府之前的建議，吳忠信應取「海道」入藏（從香港搭機飛曼谷，再乘飛船到仰光，然後搭機飛加爾各答，再轉由陸路北上，翻越喜馬拉雅山口進入西藏。）而成行的關鍵，則繫於能否取得印度宗主國——英國政府——的簽證。

為此，在吳忠信商請下，行政院特別指派由外交部出面向英國交涉，不料駐英大使郭泰祺向英國外交部洽商時卻碰了一個軟釘子。原來百年來一直覬覦西藏的英國，早已和西藏政府訂有密約，中國官員若想由海道進入西藏，必須先取得西藏政府的許可，英國使館才會發給簽證。

然而，吳忠信於七月二十三日將入藏行程告知藏方後，直到八月中旬，藏方都沒有回應。這也難怪，吳忠信之前在贖金問題上袖手旁觀，現在遭到冷處理也是理所當然。但眼看時間一天天過去，萬一拿不到簽證，趕不上新達賴的坐床大典，那關於鞏固主權的所有圖謀，恐怕都將落空了。

這時蔣介石再度出手，為吳忠信解圍：八月十五日，蔣介石致函外交部長王寵惠，請其協助辦妥吳忠信的簽證。此時二次大戰已於歐洲爆發，英國岌岌可危，急需拉攏中國，因此在外交部強力交涉下，於十月初，英國大使館發給了護照簽證。吳忠信順利於十月二十二日出發，翌年一九四〇年一月十五日抵達拉薩，離二月二十二日十四世達賴坐床大典，還有一個多月的時間。

國府大員入藏只是敲門磚，但能不能真正行使主權，或者說，參加大典究竟是「主持」或僅止於「觀禮」？還須取決於西藏噶廈政府的態度。就在吳忠信動身前，十月十四日，他接到了蒙藏會駐藏諮議張威白的一封關鍵電報，電報中敘述了藏方在青海尋訪靈兒所遇到的波折及被勒索的經過，表明在青海用款確實為大洋四十三萬五千元。

「以藏人之既窮且慳，負擔此鉅額之款，其痛心辣苦，不言可知，近日藏方上自官吏下至人民，公開談論達賴化身係該西藏用鈔買來。」張威白表示自己「突聞斯語如坐針氈」，故建議吳忠信懇請蔣委員長，同意藏方在西寧所用款額由中央賞發歸墊，「不能惜上項款目而拋却西藏一塊土，此為亡羊補牢之計尚可挽救。」另外還加上一段警語：「否則目前鈞座到藏預料難期美滿。」

吳忠信的反應又是如何呢？在其《入藏日記》十月二十日中記載：「遂由余電呈蔣委員長，旋奉批：如果屬實，自應由中央以補助靈兒登座大典經費之名義償付藏方，俾其歸還借款。俟吳委員長查明電告實情及款項確數後，即予撥發。」

至此，由中央補助坐床大典經費的原則已告確定，而對於可望帶來一份厚禮的吳忠信，西藏政府的態度也轉為友好。

其中最重要的轉折是，轉世靈童原本在未經「金瓶掣簽」、沒有得到國府認可的情況下早已由噶廈政府確立，但一月二十六日，藏方向國府呈報此事，並請明令「免予掣簽」，算是補足應有程序，追認了國府在此事上的權威。國府也於二月五日發布政令：「拉木登珠業經明令特准繼任為第十四輩達賴喇嘛，其坐床大典所需經費，着由行政院轉飭財政部撥發四十萬元，以示優異。」接著二月十一日行政院即將款項撥入蒙藏會。

照理說，為了四十萬贖金「痛心辣苦」的西藏政府，應該很高興地立刻將款項取走，然而情況並非如此。推究可能是當時西藏內部局勢混亂，親中派、親英派、獨立派爭持不下，但究竟實情如何？學界還未有定論。現在回顧整個事件，擬以時間序排列當時國府與西藏政府的往來電文，以協助釐清真相。

三月十三日，吳忠信致函西藏攝政熱振呼圖克圖，告知國府已將坐床經費四十萬元，撥付到蒙藏委員會存放，請隨時向重慶本會具領。過了三個月藏方尚未回應，於是六月十五日，蒙藏會電詢噶廈，「中央補助達賴坐床經費四十萬元，可否交西藏駐京辦事處格處長具領，盼復。」隨即六月二十七日，噶廈回電表示：「吳委員長鈞鑒，中央補助達賴喇嘛坐床經費大洋肆拾萬元，此款祈撥交西藏駐京代表格登卻丹可也。」最終，八月十二日，蒙藏會將補助達賴坐床經費四十萬元交給西藏駐京辦事處，由格敦恪典代表具名領取了。

九月十七日，意外發生了，西藏駐京代表格敦恪典因霍亂病逝，然而新任代表的選派赴任時間又無法預測。緊接著，次年一月，熱振攝政（親中溫和派）因傳言觸犯戒律而辭職，由打扎（親英主戰派）繼任。因上述兩件事的發生，嚴重影響到達賴坐床經費事的處理時程，基本上屬於停擺狀況。

一九四一年六月六日，蒙藏會曾函詢康定西藏駐京代表堪穹洛桑扎喜，有關中央補助「達賴坐床之款」處理情形，但依然未獲藏方的回應。一九四二年三月二十五日，新任西藏駐京代表阿旺堅贊抵達重慶履新，然而本案依舊沉寂，那筆鉅款四十萬元依然存放在渝南溫泉的西藏駐京辦事處。不料一年之後，突然有了峰迴路轉的火花蹦出。

一九四三年六月四日，西康省政府秘書長張為炯電請孔處長譯轉噶廈：「布西白馬來康稱奉貴噶廈命代收中樞餽贈達賴活佛法幣四十萬元購茶運藏，現西藏駐京辦事處已將此款陸續匯來，可否悉數交白馬代收，盼即電復。」譯成白話就是，西康詢問西藏政府，「有位布西白馬先生來到我們西康，自稱受您的委託，要領取中樞餽贈給達賴喇嘛的買茶費四十萬元，請問是否可以交給他？」

▲西康省政府秘書長張為炯電文。

從「補助坐床經費」到「餽贈購茶費」，這微妙轉變意味著什麼？很顯然，「補助坐床經費」是中央對地方、上級對下級的用語，這和新攝政打扎的「親英主戰」立場不符，一旦以此名目具領，以後再想抗拒國府主權就難了。而如果改稱為「餽贈購茶費」，則表示是高僧與施主間的「檀越」（布施）關係，是平等的。但如此一來，是否又有違當初國民政府「坐床大典所需經費」的撥款名目，未來核銷時會不會有問題？

總之，一筆四十萬元羅生門，裡面有軍閥的貪婪霸道、國府的權謀，與藏人的委屈；一方承擔著「不能丟失一寸領土」的歷史重責，另一方則想方設法企圖奪回自主權與民族尊嚴，雙方都步步為營、錙銖必較。從後世的角度看這個難解的困局，讓人覺得沉重又不忍。

最後，還是忍不住好奇，不論是以補助坐床經費或餽贈購茶費用為名，這筆鉅款四十萬元，到底下落如何？誠如上述，從西康省府來電洽詢之後，此案又如石沉大海般人間蒸發了。此款最終是由藏方具領？還是留在當時的西康省政府手中？故事未完待續，只期盼有新檔案出現，為歷史見證說話了。

國家圖書館出版品預行編目資料

溫州街的新疆大院子／海中雄作. -- 初版. -- 臺北市：商周出版，城邦文化事業股份有限公司出版：英屬蓋曼群島商家庭傳媒股份有限公司城邦分公司發行, 2022.12
面； 公分

ISBN 978-626-318-401-5(平裝)

1. 蒙古族 2.歷史 3.民族文化

639.3 111012942

溫州街的新疆大院子

作　　者／海中雄
責任編輯／黃筠婷

版　　權／江欣瑜、林易萱、吳亭儀
行銷業務／林秀津、黃崇華、周佑潔
總　編　輯／程鳳儀
總　經　理／彭之琬
事業群總經理／黃淑貞
發　行　人／何飛鵬

法律顧問／元禾法律事務所 王子文律師
出　　版／商周出版
台北市中山區民生東路二段 141 號 4 樓
電話：(02) 2500-7008 傳真：(02) 2500-7759
E-mail：bwp.service@cite.com.tw
Blog：http://bwp25007008.pixnet.net/blog
發　　行／英屬蓋曼群島商家庭傳媒股份有限公司城邦分公司
台北市中山區民生東路二段 141 號 2 樓
書虫客服服務專線：(02)2500-7718・(02)2500-7719
24 小時傳真服務：(02)2500-1990・(02)2500-1991
服務時間：週一至週五 09:30-12:00・13:30-17:00
郵撥帳號：19863813　戶名：書虫股份有限公司
讀者服務信箱 E-mail：service@readingclub.com.tw
歡迎光臨城邦讀書花園　網址：www.cite.com.tw
香港發行所／城邦（香港）出版集團有限公司
香港灣仔駱克道 193 號東超商業中心 1 樓
Email：hkcite@biznetvigator.com
電話：(852)2508-6231　傳真：(852)2578-9337
馬新發行所／城邦（馬新）出版集團【Cite (M) Sdn. Bhd.】
41, Jalan Radin Anum, Bandar Baru Sri Petaling,
57000 Kuala Lumpur, Malaysia
電話：(603)90578822　傳真：(603)90576622
Email：cite@cite.com.my

封面設計／徐璽工作室
電腦排版／唯翔工作室
印　　刷／韋懋印刷事業有限公司
總　經　銷／聯合發行股份有限公司　電話：(02)2917-8022　傳真：(02)2911-0053
地址：新北市 231 新店區寶橋路 235 巷 6 弄 6 號 2 樓

■ 2022 年 12 月初版

定價／450 元

ISBN 978-626-318-401-5

Printed in Taiwan

城邦讀書花園
www.cite.com.tw